初心者からはじめる

医師の不動産投資

医師の不動産株式会社 代表取締役

INASE

新流舎

個別の物件相談にも乗って頂き、勉強させて頂くようになってから3ヵ月で利回り12.7%、価格は1300万という良い物件に巡り合い、法人も設立して、法人での物件購入に至りました。現在トラブルなく満室運営できています。

始める第一歩のハードルが高い不動産投資ですが、頼りになるメンターの存在と適切なアドバイスが非常に大事かと思います。

M・T先生（循環器内科医）

before

数年前から不動産投資に興味があり、独学で勉強し、ネットで物件を探しては不動産業者を訪問し、現地に行っていました。

地元の銀行の融資担当者と具体的な融資の話まで進んでいましたが、審査中に他者に先を越されて購入できなかったこともありました。そのうち本業が忙しくなり、不動産投資に割く時間も減っていました。

振り返ると、独学のつもりでしたが、不動産業者や銀行の融資担当者の言葉にかなり左右されていました。

after

初心者が狙うべき1件目の物件は何なのか、逆に手を出さないほうがいい種類の不動産はなんなのか。キャッシュフローのつくり方、出口戦略の重要性、不動産業者や金融機関との付き合い方、営業の重要性など、独学では得られなかった数々の大切な知識を得られました。また、こちらの疑問に対してもご丁寧にお答え頂き、具体的な物件のことでもたくさんのアドバイスを頂きました。

おかげさまで1件目に3500万円、築6年、利回り9.15%のとてもよい物件を購入でき、その後も相談に乗って頂いており、まさに至れり尽くせりです。

INASEが不動産を教えて優良物件を購入することができた先生方

H・Y先生（泌尿器科医）

before

不動産賃貸業に初挑戦するにあたり、どの物件を選ぶべきか、どのように管理すべきか、多くの疑問と不安を抱えていました。

特に、地方物件の選定には自信がなく、適切な判断ができるかどうか心配でした。市場の理解や資金計画など、初心者としては把握しきれない部分が多く、正しい一歩を踏み出す自信がもてませんでした。

after

INASE先生の具体的なアドバイスのおかげで、700万円台の地方物件を購入し、ついに満室稼働を達成しました。

購入前の不安が解消され、物件の評価やメリット・デメリットの分析を通じて、賃貸経営に自信をもって取り組むことができました。

結果として、25.5%の利回りを実現。空室の問題も解決し、賃貸経営での成功へと導いて頂きました。先生のアドバイスは、わたしの賃貸経営における大きな支えとなりました。

K・K先生（外科医）

before

もともと不動産投資に興味があり、本やYouTubeでの勉強はしていました。

物件情報もポータルサイトで2年間ほど探していましたが、良さそうとは思っても、本当にいい物件なのか確信がもてず、なかなか購入には至りませんでした。

after

ポータルサイトに頼らない物件の探し方や、物件そのものの評価の仕方、不動産投資に関する考え方など多くのことを学ばせて頂きました。

はじめに

6年前の話ですが、わたしは地方医局のしがない後期研修医でした。整形外科医という体育会系文化のなかでパラハラ上司や理不尽な上司にもまれ、深夜2時や3時の救急搬送にオンコールで呼び起こされて、そこから緊急手術が始まり、翌日も「寿命を減らしているんだろうな」と体感しながら通常勤務する日々でした。

あまり好きではない仕事も嫌と言えないので引き受けざるを得ず、いつかは有無を言わさず別の地方病院へ飛ばされてしまう未来が目に見えている……。

20年間も単身赴任している上司の先生を見ながら「何十年も家族と離れて夜勤を続けて、自分の人生はこのままで幸せになるのかな?」という疑問を感じながら、忙殺されて肉体だけでなく精神も疲弊していきました。勤務医であれば誰もが味わっている現実かもしれません。

仕事をやめるつもりはないけれど、収入の安定に縛られて自由を奪われたくはない。

そう思って、お金の不安をなくすために株やサイドビジネスに手を出して、すべて失敗しました。「開業しても労務が大変そうだし、結局時間の切り売りになりそう……」そう思っていたときに出会ったのが不動産でした。

先生方も今の収入を活かして資産形成することで、将来お金の不安から解放されて、人生の主導権を手にしたいと思っていらっしゃるのだと思います。すでにNISAをやってみたり、お金についてのYouTubeを見たり、不動産の本を読んでいる方もいるかもしれません。

私自身、さまざまな資産形成に挑戦してきました。そのなかで不動産だけは成功し、**わずか3年で医師の年収を家賃収入が上回るようになりました。**「不労所得とはこういうものなのだ。資産家はこうやってお金を増やしているのだ」と、不動産の世界に入ってはじめて資産運用の妙味を味わえました。

資産形成には多様な方法があります。**素人が知識ゼロから始めて経済的・時間的自由を手にすることができるもっとも再現性と確実性が高い投資こそ不動産である**と、今では自信をもって言えます。

わたしは勤務医と並行しながら、2019年に不動産投資を始めました。現在、**家賃年収は3000万円を突破し、総資産はアパート9棟、戸建て5戸の3億1800万円となっています**。2023年からは現役医師が120名以上所属する日本最大級のビジネスコミュニティで医師向けに不動産ノウハウのレクチャーをしています。また、X（フォロワー3800人）ではINASE整形外科医×不動産として活動し、不動産にまつわる情報発信をしています。

最初に購入した物件は築22年の軽量鉄骨アパートでした。自己資金を600万円ほど投入して1700万円を融資で調達し、2300万円で購入しました。家賃は年間260万円（利回り11・5％）で、空室があまり生じず運営もラクであり、家賃も安定して入ってきています。

市場価格よりもかなり安い値段で買うことができたので、昨今の市況を考えると5年後（築年数32年）でも2600万円程度（利回り10％）で売れる見込みです。10年間運営すると家賃260万円×10年＝2600万円入ってきて、売却価格から購入金額を引いた売却益が2600万円－2300万円＝300万です。合計で2900万円の利益が出ます。ここから購入・売却時の仲介手数料や不動産取得税、固定資産税、法人税、管理費、修繕費用など諸経費を加味すると税引き後2000万円程度の実質利益となります。

きちんと底固く需要がある良い物件を買っておいて、それなりに運営すれば数千万円の利益が見込めるのが不動産です。

ほかの投資だと自己資金600万円が10年でどのくらい増えるのか？　インデックス投資でシミュレーションしてみると600万円を利回り7％で10年運用した場合、約1020万円となるので利益は420万円です。不動産投資の利益は2000万円、インデックス投資の利益は約420万円。たった1棟だけでもこれだけ金額差が出てしまうのが不動産です。

なぜなら、不動産は**レバレッジ**を有効活用できるからです。手元資金が薄くても、融資を引いて大きく利益を出すことができる。わたしは不動産以上に効率のいい資産運用方法を知りません。だからこそ、不動産にのめりこみ、このような数千万円の利益が得られる物件を半年に1軒のペースで買い進めています。

こんな話をしても、あまり現実味を帯びて聞こえないかもしれません。

「不動産は儲かるって言われるけど、怪しくないの？」
「そもそも利回り11・5％って高すぎない？　よっぽど田舎なんじゃない？　そんな物件見つからないでしょう？」
「個別ケースすぎてわからないなぁ……。あなただから成功しているんでしょう？」

先生の頭の中にはたくさんの疑問が生まれているかもしれませんね。わたしもそうでした。最初のアパートを購入する前まで不動産はまったくの素人。不動産業者に食いものにされかけました。

ただ、コネクションも知識もゼロだったわたしが不動産である程度の結果を残せたのは信頼できる師匠と出会い、さらに「医師」という社会的ステータスをフル活用で

不動産と投資信託の利益比較

自己資金600万円、10年後の投資リターン

インデックス投資
利回り**7%**
約**420万円**

不動産投資
築22年の軽量鉄骨アパート
利回り**11.5%**
約**2000万円**

4倍以上の差が出る！

きる業界であることに気づいたからです。

「都内好立地区分マンション」「大型一棟マンション」「地方アパート」「戸建てDIY」など、不動産投資のノウハウは多種多様で、関連書籍も世の中に溢れています。わたしもいくつかの不動産投資本を読んでは、書かれていることが著者によってバラバラで困惑した記憶があります。

幸運にも不動産の師匠となるメガ大家さんに出会い、本格的に不動産の世界へ足を踏み入れてわかったのは、**成功する大家さんは勝ちパターンを確立している**ということです。だから、不動産投資本もそれぞれやり方しだいで利益を得られる可能性があ

ります。

反対に言えば、それぞれ異なる勝ちパターンをもつ不動産投資家がいるなかで、有利に立ち回れる戦略をもてるかどうかが成否を分けるのです。

この本では、**忙しい医師でもラクに運営ができて空室リスクも少ない、医師であることを活かした不動産投資におけるひとつの最適解を示します。**属性による融資だけでなく、さまざまな点で医師は不動産投資に有利なのです。

また、不動産の知識をきちんと習得すれば地価の下落、地震などの災害といったリスクも極限まで抑えることができます。

生き馬の目を抜く世界でたくさんの不動産業者が「この物件は間違いないです！」と甘い言葉をささやいてきます。ここで騙されてしまうのは、自分の中に確固たる勝ちパターンがないからです。もし勝ちパターンさえ確立してしまえば、あとは当てはまる物件を探すだけ。不動産投資は8割成功したも同然です。

もちろん、誰が見ても買いという神物件は存在します。築30年以下、利回り13％以上、満室、立地も良いといったものです。しかし、忙しい医師が不動産のポータルサイトに張り付いて物色しているプロ大家にスピード勝負で勝てるはずがありません。そのような効率の悪い行動をして時間を無駄にしなくても、確実に利益を生み出してくれる勝ち物件が手に入ることもわかりました。

ずばり、医師に対してお勧めできる条件は以下のとおりです。

出口戦略

土地権利：所有権

都市計画：市街化区域

接道：公道もしくは私道持ち分あり（幅員4m以上の道路に2m以上接する）

その他：心理的瑕疵《かし》（告知事項）なし

物件条件

築年数：20年以上

利回り：10％以上
空室：なし
構造：軽量鉄骨または木造アパート
間取り：2K以上（住居利用のみ）
専有面積：30㎡以上／部屋
駐車場：地方であれば必須

土地条件

エリア：公示地価が上昇傾向
地価：土地代データから土地価格を算出し、次の条件であること
①築20～30年（物件価格－土地価格）÷建物の坪数＝30万円以下／坪
②築30～35年（物件価格－土地価格）÷建物の坪数＝20万円以下／坪
③築35年以上　土地価格が物件価格以上、もしくは同等程度

これらの条件に該当する物件を自宅から車もしくは電車で1時間以内のエリアで探します。各項目の説明や理由はこのあとでしっかりとお伝えします。

正直、かなり項目が多いし、複雑だと感じられたのではないでしょうか？　不動産初心者では丸暗記するのは大変だと思います。不動産業者から資料をもらったら、一つひとつ項目をチェックしてみてください。実際の資料と照らし合わせることで、徐々に知識が定着していきます。

投資妙味のある物件の条件についてはウェブやSNSで検索すれば無料で手に入れることもできます。ただ、その意味を深く理解せず、表面的な知識だけで不動産投資を始めると、実際の現場に即していないちぐはぐな考え方になったり、重大な視点が抜けたりして悪徳業者の食いものにされるだけです。簡単なノウハウを知っただけでうまくいくほどこの世界は甘いものではありません。

また、条件の中には一見すると「えっ？　これが必要なの？」と思うものもあるかもしれません。しかし、これらの条件はすべて、一棟アパート経営でうまくいっている不動産投資家からすると王道とも言えるような目線です。

わたしは奇をてらった手法は教えません。なぜなら、本質的な成功条件をマスターすれば長く活用できて、再現性もあるからです。

一方で、挙げたのは誰もが欲しがる物件条件なので、おそらくすべてを満たす物件は市場全体の1％未満だと思います。ポータルサイトで探してもまず出てきません。それだけ投資妙味のある物件に出会うことは簡単ではないのです。

そのなかでわたしがどうやって半年に一棟のペースで目線に合う物件を掘り出してきたのか？　この本では**上流物件の仕入れ方法**も紹介していきます。そこでは**医師というステータスを最大限に活かせます。**

6年前まで不動産知識ゼロだったわたしが、今では物件をどんどん仕入れて不動産を拡大し続けられているのは、医師であることを最大限に活かしているからです。

この業界に足を踏み入れたときには医師という肩書がこれほど役立つなんて夢にも思いませんでした。しかし、「忙しく仕事をしながらでも、労力と時間を最小限にして不動産で成功するためには何が必要か？」を考え続けた結果、不動産業界を知るにつれ、自分なりの勝ちパターンに行き着きました。

それからは、ネットで良い物件を探すのではなく、勝ち物件が自然と回ってくる仕組みづくりに注力しました。本書は単なる手法の紹介ではなく、不動産賃貸業を成功させるための仕組みづくりの本でもあります。

内容は6年前を振り返り、不動産投資初心者だった自分がいちばん欲しかった情報を盛り込みました。先生もわたしと同じような知識や考え方をもって行動すれば、必ず勝ちパターンを確立できます。医師×不動産こそ最高のシナジーを生む資産形成方法なのです。

不動産投資全体の流れ

出口戦略を知る（第4章）
←
物件条件を知る（第5章）
←
土地条件を知る（第6章）
←
営業回りをする（第9章）
←
マイソクの見方を知る（第7章）
←

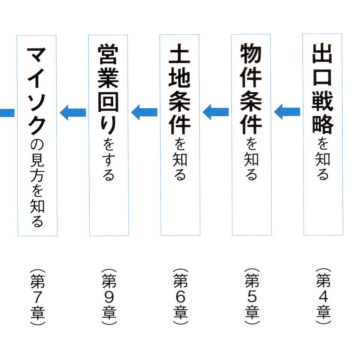

← 現地調査をする（第8章）
← 指値交渉をする
← 買付申込をする
← 融資を依頼する
← 法人を設立する
← 売買契約をする

（指値交渉〜売買契約：第10章）

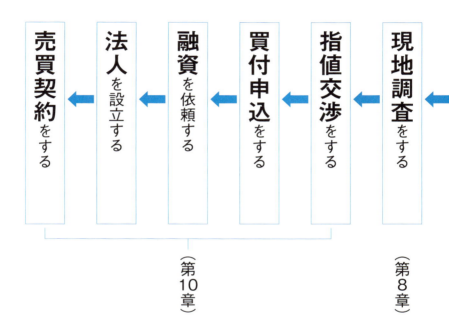

目次

不動産のデメリット

よくある間違った知識

第3章

不動産投資のリスクと対策

第4章

最優先で考えるのは出口戦略

第5章

投資妙味がある物件の見分け方

第6章

ベストな土地の条件

第7章

マイソクを極める

第8章

現地調査

第9章

物件がポータルサイトに掲載されるまでの流れ

第10章

物件購入までの流れ

第11章

物件を見る眼を養う

第1章

医師にとって不動産こそ最強の資産形成術

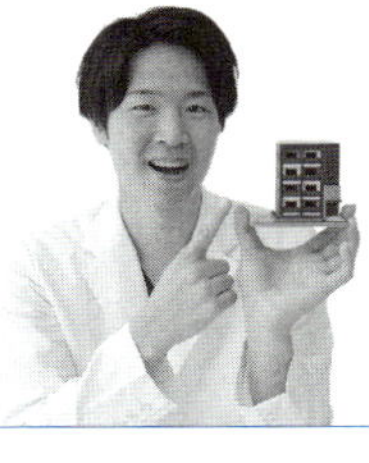

資産運用でことごとく失敗してきた

「はじめに」を読んで頂き、ありがとうございます。わたしは整形外科医として病院勤務をする傍ら、不動産賃貸業でアパート9棟、戸建て5軒を所有しています。ほとんどの物件で利回りが10％以上であり、5年という短期間にここまで多くの投資妙味がある物件を買い進めた医師はなかなかおらず、その実績が認められて各所からお声がけ頂くようになりました。現在は医師向けに不動産の勉強会を開催したり、不動産の相談が数多く舞い込んできて、医師向けの不動産コンサルティング会社を立ち上げました。

物件の具体的な選定方法を説明する前に、そもそも不動産投資とはどんなものなのか？　本当に資産が増えるのか？　不動産に投資する価値はあるのか？　リスクはないのか？　など、不動産投資全般に対する全般的な理解を深めてください。すでに不動産をある程度知っていて「前提となる知識は不要、いち早く手法を知りたい」という方は第4章 出口戦略（103ページ）へ進んでください。

前述したとおり、わたしは日本で最大級の医師向けビジネスコミュニティで不動産を教えています。

不動産投資は株などの投資と異なり、事業的な要素が増えるため、不動産賃貸業と考えたほうが成功しやすいです。ビジネスですから、真剣に学ぶ意欲がないと悪徳業者の食いものにされてしまいます。数百万円程度の資金力も必要です。

どの程度の資金が必要か？　わたしが推奨する価格帯の物件を購入する場合のシミュレーションをしてみます。

属性や資金力、物件の積算価格、銀行との関係性によってフルローンで銀行から融資を受ける人もいますが、概ね自己資金は2割ほど必要で、初期費用全体として物件価格の25～30％が見込まれます（次ページ図参照）。ランニングコストは利回りが10％以上であれば、毎月のローン返済を差し引いても十分家賃でまかなえることが多いです。

●3000万円の物件を購入する場合の初期費用
（融資8割を想定）

- 手付金300万円（物件価格の10%）
- 不動産業者への手数料96万円（物件価格の3%＋6万円）×消費税10%
- 所有権移転登記の登録免許税（固定資産税評価額×1.5%{土地} ないし2.0%{建物}）約30万円
- 司法書士への登記報酬費用10万円
- 不動産取得税（購入から半年〜1年後にくる、固定資産税評価額の3%*）約45万円
- 火災保険・地震保険（初回に5年一括払い）約25万円
- 物件価格から融資を引いた残金300万円

＊不動産取得税に係る特例措置のため令和9年3月31日まで3%

合計806万円

わたしの物件は利回り10%以上なので3000万円の物件なら、毎年300万円以上の家賃収入があります。そこから管理費や清掃費などのランニングコストとローンの返済、法人税などが差し引かれると、手残りは年間で80万〜90万円程度となります（利回りと融資の年数で変動）。

不動産はいい物件さえ手に入れば、家賃収入が入ってきて豊かになれると思われがちですが、利益が大きく目に見えてわかるのは売却後、あるいはローン完済後です。それまでは**不動産貯金をしているような考え方**で、融資の返済が進んだ分だけどんどん利益が

●年間収支の概算

家賃収入（利回り10%）	ー	ランニングコスト	ー	ローン返済	ー	法人税
・300万円		・管理費（家賃の5%）15万円 ・固定資産税15万円 ・清掃費3万円 ・修繕費10万円		・160万円		・10万〜20万円

＝＋80万〜90万円（年間）

積み上がっていると考えます。

しばらく所有して家賃を稼いで、ある程度融資の返済が進んだ段階で**売却する。**もしくは**融資を完済したあとに家賃をそのまま不労所得とする。**個人資産が目に見えて増えるのはこのどちらかのタイミングです。**不動産は時間を味方につけるビジネス**です。ローン返済が進むほど、手残りが多くなります。時間の経過と共に家賃を稼ぎ続けてくれるからこそ、**できるだけ早期に取り組んだほうがいい**のです。

前述したとおり、わたしが資産運用を真剣に考え始めたのは6年前のことです。当時は医師3年目でとにかく医師としての仕事を覚えるのに必死な時期でした。入院患者も多く、救急車の受け入れや緊急対応、忙しい当直などドタバタした日々を送っていました。

そんななかで医師なら誰しも感じたことがあると思います。「このハードな働き方が果たして20年後、30年後まで続くのか？」と。


おそらく、先生も当時のわたしと同じように、医師として忙しい日々を送りながら、将来に不安を感じて資産運用について調べたり勉強されているでしょう。

当時のわたしは無知ゆえにさまざまな投資で失敗を繰り返していました。ある程度の収入があって貯金も月に10万円はできる。これを有効活用できないかと考えて、資産運用として最初に始めたのは株でした。知識がなかったので、とりあえず、Xで情報を収集して見様見真似で証券口座を開設し、１００万円ほどでよく耳にする全世界株式やＳ＆Ｐ５００などのインデックス投資を始めてみました。


大儲けできないことはわかっていましたが、やはり物足りなくなって、もっと大きく資金を増やせないか考えて、最速で成功するための裏道を探し始めました。

試しにXの投資系インフルエンサーが勧めている個別株を購入してみると、市況がたまたま上がり調子だったこともあって、購入してすぐに株価が１・5倍になりました。「このペースで上がり続ければ働かなくても、毎年１００万円くらいは不労所得が得られそう。めちゃくちゃ株っていいなー」とホクホク顔だったことをおぼえています。

どんどん資金を追加して４００万円ほど投資したころに、大暴落が発生しました。２０１８年2月のことです。米国の長期金利が上昇したことによる「ＶＩＸショック」と呼ばれる大幅な世界同時株安に直面して、１００万円以上の含み損が出てしまったのです。

四六時中、株の価格が気になって毎日低迷したチャートを眺めていたのですが回復の兆しが見えず、メンタル的にしんどかったので株のことは忘れるようにしました。放置をして結局株価が戻るまでに4年を要しました。

市況がよければ資金を投入してどんどん株の資産が膨らんでいくこともあるかと思います。しかし、株価は今後どうなるか読めないし（読めたらすぐ億万長者になれます）、いつ暴落がきて含み損が発生するかわかりません。ボラティリティリスクを減らすために分散投資や積立投資がもてはやされますが、不動産と比較したときの収益性の違いは「はじめに」で述べたとおりです。

長期間、価格が低迷する可能性もあるのが株です。一旦、塩漬けになってしまえば、その資金は運用に回せません。資金効率が悪すぎます。10、20年後に株価が回復して徐々に利益が得られても、また低迷するかもしれないし、それも読めません。

「本当に株で勝つためにはやはりちゃんとした勉強が必要だ」と痛感しました。しかし、企業分析やチャート分析にも興味をもてなかったので、自分に株は向いていないと早々に見切りをつけて他の投資方法を探りました。

当時、仮想通貨はバブルと言われる状態でしたが、かなり値上がりしてしまっていたので投資するのには恐怖感がありました。

そこで考えたのがサイドビジネスです。しかし、本業が忙しく、ただの勤務医でビジネスの基礎もわかっていなかったので、事業は途中で頓挫してしまい、まったくうまくいきませんでした。

不動産投資を始めたい！でもどう学んだらいいかわからない……

さまざまな投資に失敗しながら、不動産投資に興味をもって本を数冊読んでみました。ただ、たくさんの手法があって何が自分に適しているのかわからない。そして、正直何十冊も本を読み込む時間も気力もありません。

そんなある日、病院のＰＨＳにワンルーム投資の業者から電話が掛かってきました。最初は「どうやって調べたんだ？」と驚きましたが、同僚に相談すると医師あるあるだったらしく「そういう話は怪しいから絶対やめたほうがいい」と忠告されました。しかし、不動産に興味をもち始めているなかで「勉強のために、話を聞くだけなら……」と軽い気持ちで会うことにしました。

仕事終わりの夕方、待ち合わせ場所のファミリーレストランへ行くと、ネイビーのスーツに身を包んだ30代半ばとおぼしきハンサムな男性が席から立ち上がりました。挨拶をすませると、爽やかな笑顔を浮かべながら、テキパキとした説明をされました。

「大阪市内の駅近くに新築のワンルームがあります。価格は２５００万円で利回り４・３％の物件です。正直、月々の収支は数千円のプラスにしかなりません。しかし、節税できるので先生の所得が上がっていくことを考えれば、それ以上のリターンがあります。ローンが完済される35年後には２５００万円の物件が先生のものになります！」

「そうは言っても不動産って買ったあとに価格が下がって騙されたという話をよく聞きます」と、疑問に思うことを色々質問していると、収支のシミュレーションを出して説明され、サブリース契約なので家賃が保証されること、管理の手間暇がないことも強調されました。契約するつもりは端からなかったのですが、デメリットも含めて明るく説明する姿勢に、だんだんと不動産に対する興味が膨らんできました。コツコツ株式投資をしても大してお金は増えないことは体感していたので、「試しにやってみてもいいのかな？」と迷い始めました。

それでもなんだか腑に落ちないところもあって、話を持ち帰って、家で冷静になって考えてみました。

「確かに不動産投資をやってみたい。しかし、知らないものに手を出すのは怖い。金額も大きくなるのでどうしよう……」

悩んだ末に、「一人で悩んでいても判断しようがない。やるならきちんと知識を得て、実際に大家として成功している人に相談するのが間違いない！」と考えました。

この考えがわたしの不動産投資の未来を決めました。もし誰にも相談せずにワンルームマンション投資を始めていたら、確実に失敗していたでしょう。

業者が出してきたシミュレーションは、新築時から35年間家賃が変わらない想定でした。サブリース契約は家賃保証と謳っていますが、新築プレミアム（新築物件に発生する特有の価値）がなくなって数年後に家賃が下がると減額交渉をされ、どんどん月々の手出しが発生して赤字になることもわかりました。

一見節税できていると思われる仕組みも、減価償却により住民税や所得税の節税となった額は、売却時に譲渡所得税としてそれほど変わらない金額を支払わなければいけない税金の繰り延べにすぎないことを知りました。

ここで間違えた一歩を歩んでいたら、自信を失ってわたしの不動産投資人生は終わっていたかもしれません。

不動産投資の師匠との出会い

本気になって不動産投資のプロを探してみると、幸運にもその地域のメガ大家さんと知り合うことができました。家賃収入は億を超えていて、不動産投資歴20年以上の大ベテランです。大手不動産会社で勤められていた経験があり、ノルマも厳しい、残業も多い、パワハラ・モラハラの状況から抜け出すために、不動産投資をご自身で始められたという方でした。

しかも、その方は地元で大家の会を主催されていました。一般的に企業の職場で不動産賃貸業の話をおおっぴらに話すことはタブー視されます。そんななかで専業やサラリーマンなどさまざまな背景の大家同士をつなぎ、週2回の勉強会と懇親会を開催されていました。新規募集は打ち切っていたのですが、「ぜひ参加させてください！」と直談判して特別に入会許可を頂きました。

勉強会には多種多様な職種の方がいらっしゃいました。いい物件の条件や物件のビフォーアフター（内装の工夫、空室対策）など、皆さんノウハウを惜しみなく共有されていて、その後の懇親会では雑談から不動産投資家としての考え方も学べました。

成功している大家はビジネス上のメリットというより、話が合うか、ウマが合うかで付き合う相手を選びます。成功者同士が信頼関係で繋がるコミュニティに参加できたことは幸運以外の何物でもありません。

周りの人が当たり前に不動産を所有している環境に身を置いていると、不動産投資を始めていない自分が非常にもったいないことをしている気持ちになってきました。「自分にはどんな物件がいいのか？　皆と同じことをしても経験のない自分にいい物件情報は回ってこないだろうし……」と少しずつ自分にふさわしい物件条件を考えるようになっていったのです。

勉強会では、皆さんの手法は少しずつ違うものの、基本的には戸建てを買い増しするものでした。あるとき、勉強会で「資金力があれば戸建てよりもアパートのほうが拡大ペースは早い」という話をされている大家さんがいました。

戸建ては利回りが高くて入居期間も長くなるので安定して運営できます。一方、1軒ずつしか増えないので拡大スピードが遅くなります。ただ、戸建てと一棟もののアパートで運営の労力はそれほど変わらないのです。

自分は医師の属性を活かして融資を引ける自信があったので、資金力や属性がある程度よくないと参入しにくいアパート経営にうまみがあると思いました。

振り返ると、これがよかったです。専業大家ほど時間や労力をかけられなくても、**自分なりに大家として優位になれる点に頭を巡らせることで、「自分にとっての勝ちパターンをつくる」という視点をもてた**のです。

それでもなかなか１棟目が買えない

自分なりに勝ちパターンの物件条件を固めて「早速、不動産業者さんを巡り、具体的な物件探しをスタート！」と行ければよかったのですが……。

当時は後期研修医の１年目という立場です。本業の忙しさで勉強会も参加頻度が落ちていきました。最悪なことに入会からたった２ヵ月で、自分から頼み込んで入れてもらった会にまったく足を運ばなくなってしまいました。

しかし、不動産への情熱は冷めていませんでした。入会から半年が経ったころ、１～２ヵ月に１回ペースですが、ふたたび勉強会に参加し始めました。そして、自分なりに買いたい条件を「物件購入依頼書」としてまとめて、名刺をつくって土日に不動産業者を巡っていると、気になる物件をいくつか紹介してもらえました。

そこで師匠のメガ大家さんに「お久しぶりです。紹介頂いた物件について相談がありますので、お時間があるときにご意見頂けたらうれしいです」とＬＩＮＥでメッセージを送りました。自分なりに考えた物件の投資妙味をお伝えして、師匠からフィードバックを頂き、それに対して質問をして、また師匠の考えを伺うというやりとりが生まれました。

あまりに頻繁に相談をすると迷惑になってしまうので、何十件も見たなかで自分なりに厳選したものを提示するのですが、妥協せず良い物件しか買わないメガ大家さんだったので、ことごとくＮＧ。なかなか洗練された師匠の目線に合う物件はありませんでした。

あるとき、勉強会のコミュニティ内で回ってきた物件を勢いで「買います！」と意思表明してしまったことがありました。結局撤回しましたが、のちほど師匠から「あの物件は運営が大変そうだったから、大丈夫なんかなと思っていました。買えない焦りがにじみ出てるんじゃないですかね」と、買いたい病に罹っていることを忠告されるような状態でした。

そうやって半年ほど、師匠に投資妙味についての壁打ちに付き合って頂いたりほかの大家の方々と話をしているうちに、利益が出る不動産の実践的な考え方や価値観が徐々に理解できてきて、運営もしやすく安定した物件の特徴が見えてきました。

そして、あるとき、「これまでの中でもいいのではないか？　投資妙味があるのではないか？」と感じる物件を見つけました。ドキドキしながら師匠に相談したところ、「運営も比較的手間がかからなそうだし、出口戦略も取りやすい。ずっと買えないでいるのも機会損失だと思うから買ってみていいんじゃない？」と背中を押して頂けて、ようやく1棟目を買うことができました。

気がつくと、師匠には半年で20軒以上の物件を相談していました。初心者の無知ゆえにそれだけの物件情報を送りつけてしまったのですが、現在のわたしならそれだけの数を評価する大変さは身に染みてわかります。師匠には根気よく相談に付き合って頂き、本当に感謝しかありません。

本やYouTubeで勉強すればなんとなくよい物件の条件はわかります。しかし、**具体的な物件の検証を不動産投資家と議論しないと判断力はなかなか磨かれません。**本書でも良い物件の条件をお伝えしていますが、実際に教科書どおりの物件はありません。物件を見比べて、現地調査して、不動産投資家と議論して初めて不動産を見る眼が養われていくのです。もっと言えば、実際に運営しなければわからないこともたくさんあります。

わたしが大家の会で事例を学んでいったように、この業界で成功するためには、実践的な生きた情報を仕入れて個別物件について吟味することがかなり重要です。不動産業者としても、売ったあとのクレームやトラブルなど面倒なことは避けたいので、素人が業者を訪問しても敬遠されて、いい物件情報を回してもらえません。目線が高すぎても買えないし、低すぎても失敗するだけ。**個別のケーススタディをたくさんして、実践的な知識を身につけることが大切です。**

そして、いざ買うとなると、「本当に自分の判断は正しいのかな？　何か重大な情報が隠されていたらどうしよう……」と不安になるでしょう。一歩を踏み出せないうちに他の方に買われてしまい、やはり良い物件だったと気づくのです。

そこで、この本では物件条件だけではなく、大家の目線（知っておいてほしい不動産知識）、個別ケースで条件をどうクリアしていくか、不動産を購入するための心構えまで必要な知識を余すところなくお伝えします。実践的な不動産投資家としての目利き力をぜひ養ってください。

わたしも大家の師匠が親身に物件の投資妙味を第三者目線で考えて背中を押してくれたからこそ、不動産投資の一歩目を踏み出せました。それからは同じことを繰り返すだけで半年に1棟買い進めて、9棟5戸まで拡大できました。物件を売却した場合の利益は合計1億円以上を見込んでいます。

お金の不安がなくなったことで、整形外科医としても自分の選んだ環境で、自分のしたい仕事ができています。不動産収入があるからこそ、気持ちに余裕がもてて、環境に縛られずに好きなライフスタイルを選べるようになりました。

不動産は知識・経験を蓄えるほどリスクを抑えたり、修繕費を抑えたり、運営がラクになります。一生継続して使えるスキルになるので、不動産投資は始めるのが早ければ早いほど資産形成に有利です。

わたしは医業と同じくらい不動産にハマり、かなりの時間を投入してきました。いろんなセミナーや懇親会に参加したり、不動産業者さんと個人的に食事をしたり、現地調査も何十件と行きました。

自分の物件を運営するなかでの修繕やリフォームの学びもたくさんありました。時には自ら床を塗装してみたり、夏場に汗だくで風呂磨きをしたり、外壁塗装に失敗してＤＩＹの得意な大家仲間に助けて頂いたこともありました。不動産についてくまなく勉強したいという思いでのめり込んでいますが、正直皆さんは、そこまで時間を掛ける必要はないと思います。大切なのはどのような考え方と知識で、どのような行動をすれば不動産投資で成功できるかを知ることです。

成功する大家に共通していること

「ＩＮＡＳＥ先生は不動産で十分な収入がありますよね？　どうして不動産を教えているのですか？　ノウハウを教えてしまったらライバルが増えてしまいませんか？」

よく聞かれる質問です。

わたしが不動産を教えている理由は、自分自身の人生が激変したのでそれを皆さんにも味わってほしいからです。

不動産投資がもてはやされ、不動産に興味をもたれる先生も年々増えています。ただ、そういった方々の多くはうまくいっていません。なぜなら、間違った知識を得て、間違った行動をしてしまっているからです。

たとえば、不動産の勉強として宅建の資格をまず取ってみたり、ポータルサイトを毎日何時間も眺めていたり、知識も曖昧なまま不動産業者回りを始めてしまったり……。労力と時間を浪費して、勝ち物件を買えないまま数年が経過して「あぁ、やっぱり不動産はハードルが高かったな。自分には難しかったな」とあきらめる方がほとんどです。

もしかしたら、知り合いの先生が不動産で騙されたという噂を耳にされたことのある人もいるかもしれません。知識がないまま行動したり、学び方を間違えると、儲からないワンルームなどの区分や、いつ高額な修繕費が掛かるかわからないババ抜きのような物件、空室が埋まらず運営がしんどい物件をつかまされてしまいます。

儲かる見込みが大してない物件を営業する不動産業者がいるというのもこの業界の事実です。特に高所得者で、忙しく不動産知識のない医師はターゲットにされやすい傾向があり、医師が食いものにされていることに憤りすらおぼえます。

「騙されるほうが悪い」という論理もあるかもしれません。しかし、新築ワンルームで利回りの低い物件などはまだわかりやすいのですが、他にも無数の罠があります。

もちろん、きちんと知識をもったうえで不動産業者と付き合えば、どう転んでも利益が出るような物件を仕入れることができます。成功している大家は皆、不動産が好きで、どうしたら内覧した方や入居者から見て魅力的な物件になるか真剣に考えながら運営しています。そして、不動産業者、内装業者、周りの大家、銀行員など多くの方々と良好な関係を築き上げています。

そのうえで自分なりの勝ちパターンを武器に戦い抜くのです。始めはある程度の勉強時間や労力はかかりますが、勝ちパターンを一度手にしてしまえば、汎用性が高いのでどんどん物件を拡大して運営もラクになっていきます。

わたしは他の投資や事業を経験してきました。そのなかで、不動産賃貸業ほど再現性があって、誰でも利益が得られるものはないと断言できます。ましてや、医師であることを活かせば、かなり成功確率を高めることができます。そのためには師匠選びが何よりも重要です。

正しい知識を手にして、粛々と正しい行動をしていけば莫大な利益を得られるのが不動産投資の世界です。その成果は人生を変えるほどのインパクトがあります。実際にわたしは不動産に人生を救われました。

５年後には融資が完済する物件も出てきて、医師として働かなくても家賃だけで生活できるようになります。働きアリのようにひたすら医局のなかで消耗する将来像はもうありません。現在は自分の興味がある医療を、自分のペースで取り組んで患者さんの役に立てることにやりがいを感じています。

そんな人生を送らせて頂いているのは不動産のおかげです。先生方にも不動産投資の魅力・醍醐味を存分に味わってほしい。師匠を含め、惜しみなくノウハウを共有してくださった成功している大家さんのように、わたしも一緒に不動産で成功する仲間を増やして、大家としてさらに成長したい。そういう想いを抱いていました。

ある日、仲のいい経営者の方から「それだけ不動産の実績と熱意があるのなら、不動産を教えたらどうか？　そこで皆さんが不動産で成功できたら面白いし、やりがいを感じるのではありませんか？」というアドバイスを頂きました。

確かに、わたしには他の人が探し出してきた物件の将来見込める利益をシミュレーションしながら査定をするのが好きという、世話好きな面があります。医師の皆さんを不動産で成功させることは、他の医師で成功している不動産投資家がやっていないことでもあります。それは自分自身の人生においても非常にやりがいがあることだと思い始めました。

医師として患者を助ける。同時に、人生を患者さんのために捧げている医師の方々を、不動産を通じてより豊かにすることも、わたしの人生における生きがいとなっています。

第1章では不動産投資を始める前に注意すべき点について、わたしの例を中心にお話ししました。より不動産投資のリスクについて詳しく知りたいという方は、次の二次元コードを読み取ってＬＩＮＥ登録をして頂ければ「素人が陥りがちな不動産失敗の例と対処法」を知ることができます。どこにも公開していない、本書の読者限定の動画です。ぜひ手に入れてみてください。

第2章

不動産投資のメリットとデメリット

ここまでことごとく資産運用に失敗してきたわたしがなぜ不動産投資に傾倒していったのかを述べてきました。不動産にはたくさんのメリットがありますが、デメリットも当然存在します。その両面について、医師の不動産投資家という視点からお伝えさせて頂きます。

不動産のメリット

レバレッジを利かせられるので投入資金に対して利益が大きい

わたしがはじめて購入したアパートは5年間で1300万円の家賃収入をもたらしてくれています。さらに購入した価格よりも数百万高値で売却できそうなので、1500万円以上の含み益がすでに出ています。投入した資金は600万円でも、5年間でこれだけのリターンが得られるのは**レバレッジの力**のおかげです。

１０００万円の自己資金があるとして、株の利回りを高めに見積もって８％だとします。年間の収益は80万円です。不動産の場合、わたしの投資スタイルだと自己資金が１０００万円あれば融資で４０００万円を用意して、５０００万円程度の物件を狙います。利回りが10％以上の物件をメインに購入しているので、毎年５００万円の家賃収入があります。

もちろん、空室が出て家賃収入が維持できない可能性もあります。わたしが狙うのは概ね築20年以上の物件で家賃もある程度下げ止まっているので、あまりないケースですが、仮に４００万円まで下がったとしても、10年間で４０００万円が家賃収入として入ってくるのでローンは十分完済できます。その後は売却してもよし、家賃収入を維持するのもよしです。好調な投資信託の利回りよりも遥かに収益性は高いことがわかります。

『21世紀の資本』（トマ・ピケティ著、山形浩生・守岡桜・森本正史訳、みすず書房、

２０１４年）で有名なｒ＞ｇという不等式が出てきます。ｒ（資本収益率）のほうがｇ（経済成長率）よりも高い。つまり、資産運用によって得られる富のほうが労働によって得られる富よりも成長性が早いことが明らかになっています。

運用額が大きくなればなるほど、富める者はますます富んでいくのです。医師は属性の良さから融資という他人資本を使うことでレバレッジを最大限に活用できます。もちろん、株の信用取引やＣＦＤ・先物取引などでもレバレッジを活用できます。しかし、市場参加者も同じ条件で取引するため、優位性はなくボラティリティが高いので一発退場もありえます。

一般的なサラリーマン大家はアパートよりも安い戸建てを扱っていることが多いです。アパート1棟の購入にはまとまった資金と属性のよさが必要だからです。反対に言えば、融資を引く力があれば、相対的に数の多い戸建て大家とは別のフィールド（アパート）で勝負できます。

投資額が大きいほど当然リターンも大きくなるので、わたしは医師という肩書を活かしながら規模を拡大していき、わずか5年で総資産3億１８００万円、純資産１・

5億円以上の資産を築くことができました。時の経過と共に、年間家賃3000万円がどんどん積み上がっていきます。市況がいいので売却益も想定以上に得られる可能性があります。

誰でも再現性のある勝ちパターンをつくれるビジネス

次に、ビジネスとしての不動産投資のメリットを検証してみたいと思います。

わたしは以前、サイドビジネスに挑戦しました。市場調査、競合分析、ターゲット分析から始まり、原価計算、外注先の選定、商品開発、販売戦略の立案、チャネルの選定、LPなどの販促ツール開発、管理体制の確立など、業務内容がとにかく多岐に亘っていて、単純に各々のスキルが足りずビジネスのこともよくわかっていなかったため失敗してしまいました。

対して、不動産は取引の流れが確立されていて、銀行、管理会社、リフォーム業者、解体業者、司法書士、行政書士といった外注の仕組みは長年大家が開拓してきたものがあります。**このシンプルな構造のおかげで、もともとはハイポ（忙しいのが好きではない）な性格であるわたしでもうまく戦えています。**新規参入のわたしでも結果を残せているのは、医師であることや自分の強み、属性を考えて不動産で有利に立ち回る手法を確立したからです。

もし、わたしがこれからＡＩビジネスで成功しようと思ったら、世界的な大企業や優秀な人材、プロのエンジニア、クリエイター、マーケッターたちとしのぎを削ることになります。日々の知識やスキルのアップデートも欠かせません。

しかし、不動産は歴史がある、いい意味でオールドな業界です。地主や大家は高齢化していて、若くてやる気がある人は数が少ないです。昔ながらの地主やそのお子さんで成り立っている会社が多く、だからこそ正しい方法で頑張れば投資妙味のある物件を所有できますし、入居付けも少しの工夫で容易にできます。

最初は不動産についてある程度学ぶ必要はありますが、誰よりも詳しくならなくても再現性のある勝ちパターンを確立できます。一度、正しい知識と行動が身についてしまえば、1棟だけでなく2棟目、3棟目と同じ方法で拡大していけます。

実際にわたしが不動産の実践的な知識を教えて、きちんと正しい行動をした受講生は何も知らない状態から、利回り10％以上、いつ売却しても購入価格と同等かそれ以上の高値が見込まれる物件を購入できています。誰でも正しい実践によって再現性をもって成功できる。これが不動産賃貸業の最大のメリットです。

手間がかからない

一般にビジネスは軌道に乗っても、陳腐化する前にアイデアを練って、イノベーションを繰り返すことが求められます。日々の顧客対応やトラブル処理にも追われます。それらを未然に防ぐための対策も考えなければならないし、管理体制の見直しやスタッフへの周知徹底も必要になります。

開業医であれば、看護師、事務員など人を雇わないと現場は回りませんし、そこでのマネジメントには多大な労力がかかります。もし拡大しようとしたら、自分と同じ知識・スキルをもつ医師を雇い入れなければいけません。育てる時間もかかります。

そして自分と同じようなやる気で働いてくれるとはかぎりません。苦労して育てた優秀な人材は独立したり、巣立ちます。他人を雇用して自分の思いどおりに働いてもらうのが得意で苦にならないという先生もいるかもしれませんが、わたしは今のところ自信がありません。

不動産は一度購入したものを絶えず改良する必要はまったくないので売りたくなるまで所有しているだけです。入居者からのクレーム対応やちょっとした修繕の対応は管理会社がしてくれます。

わたしの所有物件では、管理会社からの連絡が多いものでも数ヵ月に一度で、少ない物件は数年に1回軽微な修繕の連絡があるくらいです。新しい創意工夫が求められることはありません。退去者が出たときにはリフォームや空室対策など少し工夫が必要になりますが、そこまでリソースを割かれるようなことにはなりません。

具体的にはキッチンや風呂、トイレなどの水回りを意識してある程度綺麗に修繕すること、リフォームは壁や床など表装に留めること、ポータルサイトで見栄えがするように照明をオシャレなものにすることなど、修繕費を安価に抑えて入居付けにも繋がるノウハウがあれば、お金はそれほど掛かりません。また、管理会社や内装業者に依頼して動いてもらうので自分の時間をそれほど消費することもありません。

もし委託先の管理業者や内装業者が合わなければ、外注先ですから容易に変えることができます。**労務的なストレスがほぼないことも不動産の大きなメリットです。**

入居者の流動性が低く、収入が安定している

オーナーチェンジと言って、入居者が入っている状態で物件を買った場合は、翌月から家賃が入ってきます。来月の売上をどう上げようか？　集客をどうしようか？　そういった心配とは無縁です。

日本の人口が減少しているといっても、わたしの所有する物件は条件にもこだわっているので1部屋あたり4～5年は住んで頂けており、**管理会社から退去の電話がくる回数はこの5年間で1物件あたり1～2回です**。実力者の大家さんの事例を聞いていても、満室だった物件が一斉に退去するといったことはなく、事業の安定性は非常に高いです。

他の事業だと、商品・サービスがヒットしても大手の競合他社が参入してきて、あっという間に顧客を取られてしまうケースがあります。もしコーヒーショップを経営していて、近くにスターバックスができたら深刻な経営危機に陥ってしまうでしょう。そういった外部要因はコントロールできないものです。

不動産の場合は、魅力的な物件が隣に建てられても、引っ越しコストが高いので簡単に入居者が移転することはなく、そもそも家賃の価格帯が違うので競合にはなりません。築古なら築古なりの戦い方があります。**顧客の流動性が低いがゆえに事業として安定しています。**

不動産のデメリット

１棟目までのハードルが高い……

不動産に興味をもっている医師の方はたくさんいます。ただ、実際に買える人はとても限られています。なぜなら、「失敗したらどうしよう」「騙されていたらどうしよう」と不安が大きくてなかなか**１棟目の購入に踏み出せない**からです。

不動産の世界は千三つと言われていて、物件が１０００件あるとそのうち投資対象になるのは３件程度だと言われています。物件を買えるか買えないかは、タイミングと運にも左右されます。

しかし、1棟買ってしまえばコツがつかめて、それからは比較的容易に買い進めていけます。

レバレッジはデメリットにもなる

メリットでお伝えしたレバレッジが効いていることはデメリットにもなり得ます。

よくあるのは、業者の利益がかなり乗せられた利回りの低い新築の1Rや1Kの物件を購入してしまうことです。

1Rや1Kのマンションは競合が多く、周りに新築が建てば家賃を下げざるを得なくなり、毎月の収支がマイナスになります。売却しようにも残債（銀行からの借り入れ残金）よりも低い価格しかつかず、数百万円の手出しが発生して売るに売れないといったケースはよくあります。

不動産のデメリット

- 1棟目を買うまでのハードルが高い
- レバレッジが利いている
- 知識と経験、行動しだいで利益が変動する
- ポータルサイトでは良い物件を買いにくい

知り合いの大家さんは、1億5000万円の鉄筋コンクリート（RC）物件を購入したあと、水漏れが発生して修繕費が2000万円以上発生し、銀行と不動産業者と裁判になっています。

知識や経験がない状態でレバレッジを働かせてしまうとリスクになります。

知識がないと悪徳不動産業者に騙されてしまう

高所得で融資を引きやすい、不動産素人の医師は、悪徳不動産業者にとって格好のカモです。一緒に食事をして信頼関係を構

築したり、手練手管で顧客にしたりしようとします。それらはすべて自社物件を買ってもらうための接待です。

自分できちんと不動産を理解せず、「信頼できそうな人だから……」と、業者の言いなりになって物件を買ってしまう人は不動産投資で成功することはありません。

正しい行動をしないと良い不動産は買えない

不動産業界もＩＴ化が進み、自宅に居ながら物件情報を調べられるようになりました。専業大家もプロの投資家も不動産業者も、ほぼ全プレイヤーがポータルサイトを眺めています。

前提としてポータルサイトに乗っているのは、売却を依頼された仲介業者が自社の顧客リストに紹介して買われなかった物件です。一部では良い物件情報もすぐポータルサイトに掲載する地域もありますが、基本的にはポータルサイトに掲載された物件は買われなかったものです。稀に良い不動産が見つかることもありますが、通常は目を皿にしてポータルサイトをチェックしている専業大家や不動産業者にすぐ買われてしまいます。**ポータルサイトの物件は基本的に売れ残り**だと考えてください。

では、どうすれば良い不動産に巡り合えるのか？　正しい行動については第5章で説明します。

よくある間違った知識

ここで、初心者の方々が陥りがちな間違った知識について述べたいと思います。

減価償却が節税になる？

これはよく言われることですが、日本国内で個人資産を築こうと思ったらいちばんネックになるのが税金です。一度ご自身の将来年収から毎月の貯蓄額をシミュレーションし、定年までにどのくらい個人資産を築けるのか計算してみることをお勧めします。

参考までに簡易なシミュレーションですが、30代後半で年収1500万円のケースを考えてみましょう。4人家族、配偶者は専業主婦を想定します。

年収から所得税、住民税、社会保険料を差し引くと約1020万円です。月の手取りは85万円になります。家賃25万円、水道光熱費3万円、食費12万円（4000円／日）、通信費3万円、交通費3万円、レジャー・交際費12万円、教育費6万円、雑費5万円といった感じでしょう。年収に合った一般的な支出額を参考にしています。毎月の貯蓄額は16万円になります。

「令和4年民間給与実態統計調査」（国税庁）によると年収1500万円を超える人は全給与所得者の上位1・4％に位置します。そこまでの狭き門に残っても1年で貯められる金融資産はおよそ200万円です。30年経っても億を超える資産は全然築けません。日本で所得によって資産形成することがいかに困難かわかるでしょう。

これに対して、法人で不動産賃貸業をおこなった場合はどうでしょうか？　家賃に対する法人税は23・２％です。税負担は個人の場合と比べて一気に半分になります。

このため、よく「不動産を買うことで節税になる」というセールストークが使われます。しかし、これは個人事業主として不動産投資をおこなっているケースを想定していて、減価償却の仕組みがわかりづらいことを逆手に取った、勘違いさせるための売り文句です。

不動産を購入すると減価償却費が発生して帳簿上のマイナスとなります。たとえば、年収１５００万円の人が物件を購入して、家賃が２００万円、減価償却費が３００万円だとすると、帳簿上は１５００万円（年収）＋２００万円（家賃）－３００万円（減価償却費）＝１４００万円になるので１５００万円との差である１００万円分の所得税と住民税分（40万円前後）の節税になるというスキームです。

高所得者の医師にとっては魅力的な話に聞こえてしまうのですが、減価償却費は税金の繰り延べにすぎないので、売却するときに（売却価格－帳簿上の価格）に掛かる譲渡所得税として、節税できたと思われたのと同程度の税金を支払わなければいけません。

具体的には、5年後に同じ価格の1500万円で売却したとすると、帳簿上の物件価値は1500万円－300万円（1年分の減価償却）×5年間＝0円となっているので売却益1500万円に譲渡所得税が20％発生して、1500万円×20％＝300万円の税金を支払う必要があります。

それを知らずに減価償却による節税を期待して不動産業者の口車に乗せられてしまう医師がたくさんいます。また、5年後に同じ価格で売れるような物件を節税のメリットを前面に押し出すような業者が紹介してくれることはまずありません。

購入した物件を一生所有し続けたり、子どもに安価で譲るなら減価償却ありきの不動産投資も選択肢のひとつになるかもしれませんが、投資物件としての出口を考えた場合、減価償却費による節税メリットに頼りすぎないほうがよいです。

節税効果としては、法人を立ち上げたほうがかなり有利なので、不動産投資を始めるなら法人で所有することをお勧めします。

立地がよければ利回りが低くても安全な投資である？

立地がよいと土地代が上がるので、どうしても利回りは下がります。不動産は金利、固定資産税、火災保険、融資の返済など年間のランニングコストもあるので、利回りが低いと家賃からそれらのランニングコストを引いた手残りよりも、物件価値の下落スピードが高くなることが多いです。

たとえば、東京都山手線内のタワーマンションで新築、利回り4％、1億円の物件を購入したとします。金利は2％で35年のローンを引いて、家賃は月33万円、返済は33万円で収支はトントンです。家賃に掛かる税金の計算、減価償却は加味しない簡易シミュレーションですが、10年後も物件価格が変わらず1億円で売却できたとします。残債は7142万円なので2857万円の売却益が出ます。

しかし、売却益に対して20％の譲渡所得税が掛かること、10年のうちに空室になることや原状回復費用も掛かること（築浅タワマンはクロスや床などを綺麗にしないと空室が埋まらないので多額な原状回復費用も発生）、物件購入時や売却時に仲介手数料〔（物件価格の3％＋6万円）×2回分（購入時・売却時）＝612万円〕が掛かること、所有権移転登記の登録免許税と不動産取得税が約130万円、火災・地震保険が約50万円、固定資産税・都市計画税が年間約50万円、共有部などの管理費・修繕積立金も月数万円発生するので、諸々のランニングコストと諸経費を差し引くと、10年間運用して税引き後1000万円程度が手残りとなります。

これは年間で100万円の利益ということになります。1億円借金をして年間100万円しか儲からないというのは寂しい結果です。しかも、これは物件価格が新築時から10年後も変わらないという、非常に都合のいいシミュレーションの場合です。

一方、わたしの手法で1億円分の融資を引いたとします。利回り10％以上の築古物件が購入対象となるので、ランニングコストを考えても、年間の利益1000万円も十分に狙えます。

利回りが低い物件を所有すると、ランニングコストや諸費用負けしてしまうのがいちばんのデメリットです。市況が良いことを前提とした売却益狙いもあるかもしれませんが、市況は誰にも読めないので運の要素が増えるのと、借り入れの額に対して収益が少ないのであまりお勧めできません。

かといって、田舎すぎると売るときに安く買い叩かれてしまうので、立地と利回りのバランスが大事なのです。

区分所有は流動性が高いので安全である?

悪徳不動産業者の常套句です。「区分だから流動性が高く売れやすい。1棟だから売れにくい」というのは真っ赤な嘘です。区分所有は管理費・修繕積立金などランニングコストが高く、築年数が古くなるごとにどんどん修繕積立金は上昇してきます。

また、同じ物件の中に同じ間取りの部屋も多いので入居付けの差別化が難しいです。

購入時においても、価格が良い意味でも悪い意味でもわかりやすいので、掘り出し物を見つけにくいです。たとえば、同じマンションの同じ間取りなら1億円の部屋を9000万円で購入することは難しくなります。

さらに、区分の土地は敷地権といって、全区分所有者と共有で持分を所有するので、土地を所有しているようで所有していないこと、間取りの制約があること、実質利回りは表面利回りよりかなり低くなる傾向が強いことなどデメリットも多いので、相場よりも確実に安く購入できる場合以外はお勧めしづらいです。

一方、土地付きの物件は物件ごとの条件が個別条件（土地の形状、道路付け、用途地域など）で異なるので単純な比較が難しく、売主に指値交渉（価格を下げてもらう交渉）がしやすかったり、物件の価値を高めて相場よりも高く売ったり、目に見えない歪みがあります。知識のある不動産投資家は、この歪みを有効活用して利益を出しているのです。

新築であれば空室リスクも少なく儲かる？

入居者からすれば、同じ家賃なら新築に住みたいのは当然です。だから、「新築や築浅物件は空室リスクが少なく安全だ」と思われています。しかし、わかりやすく人気があるということは、物件価格が高騰するので割高となってしまい、利回りがかなり低くなります。利回りが低い物件のデメリットは前述したとおりです。

また、詳しくは後述しますが、築年数が新しければ新しいほど経年による家賃の下げ幅も大きくなります。新築プレミアムの家賃で契約した入居者が退去すると、家賃は下がる場合が多いです。

収益性が高いのは、素人からするとリスクが高いと思われている築古の物件です。

築30、40年経っていてもちょっとしたリフォームの工夫をするだけで入居者が入りやすくなります。

リスクの取りすぎはギャンブルになってしまいますが、わたしは**ミドルリスク、ミドルリターンの物件を自分の知識や経験でどれだけローリスクにできるか常に考えます。**リスクはコントロールできます。

ノウハウがあるので、築50年以上あるいは築年数不詳の物件、半分が空室の築古アパートも購入対象に入ります。不動産投資家としての実践的な知識があれば、素人が手を出しづらい物件を磨くことで大きく儲かるのです。

学生向けアパートは空室になりにくい？

大学の近くであれば、学生からの需要があるので、学生向けアパートは運営しやすく手堅いと考えられがちです。確かに、築浅であればある程度の需要はあります。しかし、同じような間取りの新しいマンションやアパートもどんどん建ってくるので、経年と共に家賃を下げないといけなかったり、かなり家賃を下げても埋まらなかったりして**収益性が下がっていく末路**が待っています。

空室になると入居募集の際に広告費という、いわゆる入居を斡旋してくれた御礼を仲介業者に家賃の2～3ヵ月分支払う必要があります。学生や単身者向けの狭い間取りのアパートだと数年で退去されることも多く、そのたびにリフォーム費用も掛かるのと、競合が多数のため、かなり広告費（家賃の6ヵ月分）を積まないと入居付けに動いてもらえないこともあります。

また、昨今は少子化の影響で地方は大学生の減少、定員割れも散見されます。退去のたびに頭を悩ませたり、空室が精神的な負担になるのも嫌なので、わたしはファミリーでも入れるような広い間取り（2K以上）を購入の条件としています。

人口が増えている海外の不動産が有利？

わたしは今のところ海外不動産に手を出していません。自分が気軽に見に行くことができないのと、仕組みも日本とは違うからです。簡単に現地調査へ行けないので、エージェントや管理会社の言うことを信じるしかありません。馴染みがない場所なので治安や雰囲気もよくわかりません。購入後に修繕が必要だと言われても、国内なら自分で見に行ったり、繋がりのあるリフォーム業者が現地調査をしてくれますが、海外から送られてきた写真だけでは細かい点を確認できず、相場もわからない。仮に業者が飛んでしまったら泣き寝入りするしかありません。

海外不動産が悪いとは思いませんが、**不動産はブラックボックスの部分が増えれば増えるほど騙される確率が高くなります**。正しい知識を習得して、信用できる人脈を築いているなら良いかもしれないですが、なんとなく良さそう、すごそうという思考回路では動かないほうがよいと思います。

歪みを活かすことが不動産成功のポイント

人それぞれ固定観念があるので、それがマインドブロックとなって行動を制限してしまっています。自分の常識を取り払って、なんらかの歪みを活かすことが不動産成功のポイントです。


「こんなボロ家で貸せるの？」

「地方都市の中心部から離れた街で満室になるの？」

「狭小地の家に住みたい人なんているの？」

「生活保護の人に入居されるのはリスクじゃない？」

「ペット可にしたら退去時のクリーニング費用が高騰しそう」

物件を見るとさまざまな疑念が浮かんでくるかもしれませんが、わたしはこれらの条件に該当する物件を所有しています。

詳しくは第11章で述べますが、築56年の物件、僻地の物件も持っています。生活保護の方も入居して頂いていますし、ペット可にもしています。

不動産の成功は市場の歪みをいかに有効活用できるかにかかっていることを理解してください。

そもそも、どうして不動産に歪みが存在するかというと、価値を評価する指標が無数に存在することが挙げられます。

たとえば物件売却を検討するとき、一般的には査定依頼を出すのですが、土地のみで考えるのか、土地プラス建物で考えるのか、建物の解体費を含めるのか、修繕や残置物の処理代を加味するか、不動産仲介業者によって査定はさまざまなのです。

あるいは売主の状況によっても価格がかなり左右されます。相続税を支払うために早く売らないといけない、売主が病気になってしまった、高齢で資産整理をおこなっているといった場合は価格が下がりやすくなります。また、不動産仲介業者との関係性によっても価格が下がったりします。わたしが過去に購入した物件は、法人が解散するために売り急いでいて安く買えたものもありましたし、親身になってくれる業者をつかまえておくことで、売主に少し無理な交渉が通ったこともあります。

他にも相続したアパートの管理が面倒なので不要になってしまった、売主が大手企業や有名人で、ポータルサイトに物件情報を載せたくないので非公開のまま売買を成立させたいというケースもあります。この場合も価格交渉がしやすかったり、安く買える可能性が高いです。

こちらが売る側になったときも、買主の状況によって価格は変動します。たとえば、隣の土地を持っている買主が、こちらの所有する土地と合わせて大きな建物を建てたい、事業用地にしたいというニーズがある場合は相場よりもいい条件で買ってくれる可能性が高まります。

あるいは、富裕層が相続税対策として物件を購入したいと考える場合も売却価格が上がる可能性があります。国が定める固定資産税評価が購入金額よりも大幅に低いことで節税メリットが大きくなるので、単純な利回りではなく、固定資産税評価と購入価格の差という観点で検討されます。限度はありますが、数字的には購入価格と固定資産税評価の差が大きい物件は、富裕層の相続対策にとってはいい物件となり得ます。

富裕層に売却することを見越して、富裕層が好きな好立地の場所に、好きそうな高級賃貸物件を建てる戦略をとる大家もいます。

このように不動産には無数の歪みが存在します。この歪みがあるからこそ大きな利益が得られます。知識と経験が蓄積されていくと歪みをどんどん活かせるようになります。その工夫はすべて収益に直結します。

第3章

不動産投資のリスクと対策

金利上昇、家賃下落リスク

「不動産投資をやってみたいけど色々なリスクがありそうで怖い」という先生方が大半でしょう。ただ、不動産のリスクは対策を知っていればなんてことはありません。本章では不動産のリスクとその対策、考え方を述べていきます。

世の中にはたくさんの資産運用方法がありますから、「不動産って複雑だし、価格の下落、空室、災害などさまざまなリスクがあるんじゃないの？」という疑問が出てくると思います。

投資の代表格である株のリスクは、政府の金融政策や大企業の決算しだいで激しく値動きすることです。個別株はもちろん、S&P500などの株価指数も買うタイミングが悪ければ半分近くまで値下がりすることもあります。しかも1990年代の失われた10年のようにその後10年間株価が戻らないこともあります。株価のボラティリティは不動産の比ではありません。わたしが株で大失敗したときに実感したことは先が読めない恐ろしさでした。

一方、先生はこれまで「景気の影響で家賃が半分になった」なんて経験をしたことがありますか？　入居中に自宅マンションの家賃が下がって良かったなんて経験はないと思います。テナントビルなどを所有していて事務所が入っている場合はコロナショックなどで大家に家賃減額交渉があったかもしれませんが、賃貸住宅の家賃が急激に下がることはありえません。

また、昔に比べてネットが発達して情報の透明性が上がり、国内、海外問わず容易に情報にアクセスできるようになったことで、土地と建物の価値が急激に下がる可能性もほとんどなくなりました。少しでも値頃な物件が出たら、すぐに国内外の投資家が買いに走ります。

もし不動産価格の暴落が起きるとしたら、金利が上がって返済のきつくなった人たちが一斉に物件を手放して供給過多になることです。ただ、わたしの投資スタイルは利回りが高くてキャッシュフローが出やすい物件のみを運用するので、仮に金利が数％上がっても耐えられます。

苦しいのは表面利回り４〜５％とカツカツで運用している人たちです。破綻を回避するためには安売りするしかないので、たとえば５０００万円、利回り５％の物件を３５００万円、利回り７〜８％で売りに出さざるを得なくなる。これは資金に余裕がある投資家からすると、投げ売りされた物件を買い叩ける面白い相場です。

そもそも日本は政策金利を上げづらく、銀行の金利も上昇しにくい状況にあります。詳しくは専門書に譲りますが、アメリカのように短期間で急激な利上げや利下げをする可能性は低いでしょう。

確かに以前に、日本の不動産バブルは崩壊しました。しかし、これは不動産業界の規制緩和も相まって投機的に不動産投資がおこなわれた結果です。高値で買ってもまたすぐ次の人に売れると安易に考えてしまった人々によって実態の不動産価値とは乖離した価格で取引され、政府が金利を上げてローン返済がきつくなった瞬間、過熱していた不動産投資熱が一気に冷めて、バブルが崩壊し、最大で40％も物件価格が下落

専用任宅の1畳当たり家賃・間代及び1畳当たり家賃・間代の増加率の推移
ー全国(昭和48～平成20年)

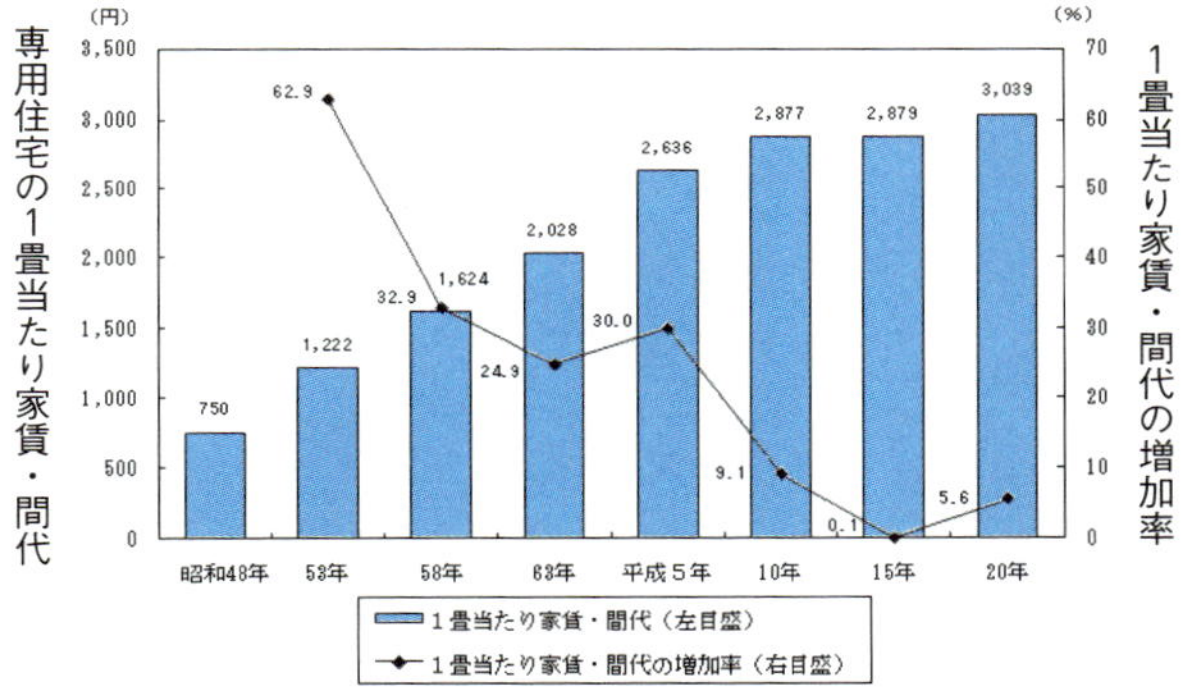

https://www.stat.go.jp/data/jyutaku/2008/nihon/4_2.html

しました。

ただ、上図を見てください。昭和48年から平成20年までの1畳あたりの家賃・間代の推移を見てみると、バブル崩壊後も下がることなく、むしろ上がり続けています。

なぜなら、住宅用の物件は個人が借りており、実需に下支えされているからです。

もし地価が下がってしまったら売却しても儲けは出ないかもしれません。しかし、持ち続けていればいいのです。ローン返済を終えて下がらない家賃収入で利益を確保すればいい。そもそも利回り10％以上を目途にして、仮に少々金利が

地価の推移

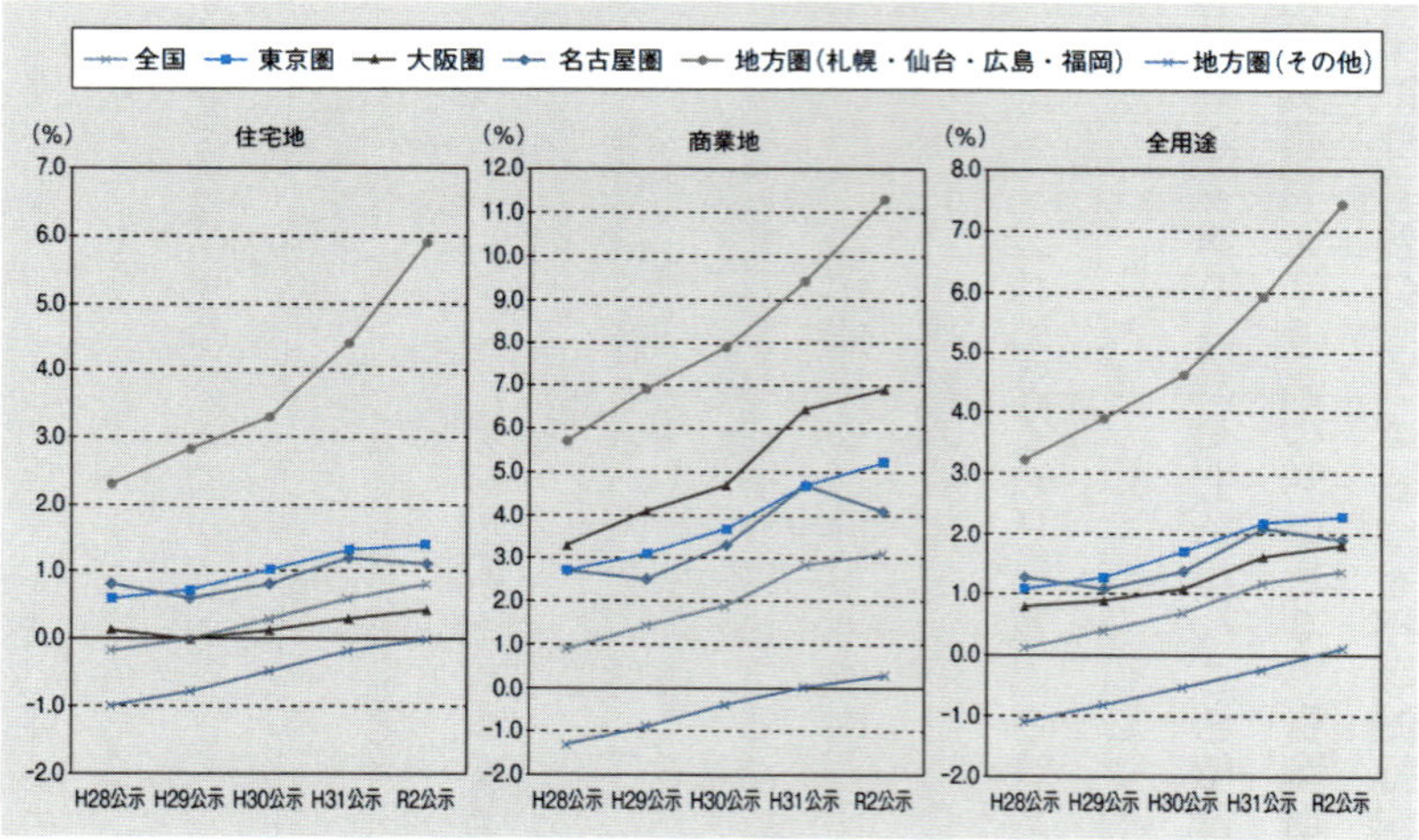

https://www.mlit.go.jp/statistics/content/001348644.pdf

上がっても平気な物件をあらかじめ選んでおくことが大事です。

わたしは、日本の不動産バブル崩壊は先に述べたような要因が複合的に重なって起こったことで、今後同じ事態になる可能性は低いと考えています。

不動産を学び、わたしがはじめて物件を購入したのはオリンピック・パラリンピックイヤーの前年でした。当時から「東京２０２０オリンピック・パラリンピック競技大会が終わったら、不動産バブルは終焉して物件価格は下がる！」と言われていました。しかし、前ページの図のとおり、いまだに日本の不動産価格は上がり続けています。

人口減少リスク

「人口減少する日本の不動産に未来はない」「都心ならいいけど、利回りが低いし、結局不動産は儲からない」という意見もあります。確かに今後は東京、大阪、福岡以外の地域は人口が減るばかりだと予測されています。

人口減少によって起こるのは、地価や物件価格の下落リスクと空室リスクです。しかし、これも、利回りと立地のバランスをきちんと考えて物件を選べば問題になりません。

たとえば、地方都市であっても人口はこの先数十年はそれほど変動がなく、市況と共に地価の上昇も見込める土地であれば築30年で利回り10%でも十分投資対象になります。自治体のホームページを見れば人口推移がわかりますし、地価は第6章で上昇傾向かどうか調べる方法を紹介します。

仮に人口減少地域や地価が下落している地域であっても、利回りが高くキャッシュフローもかなり出たり、早期にローン完済できるのであれば投資妙味はあります。100÷利回りで計算した年数分、その都市が消滅しなければいいのです。入ってきた家賃収入>物件価格となります。

たとえば、300万円の物件で利回り15%であれば100÷15＝6・66年ですから、7年間で家賃収入は315万円となります。

得られた家賃が購入価格を上回っているので損しようがありません。そのまま家賃収入を得てもいいですし、田舎であっても利回りが高ければ買い手は存在するので、収益物件として売却すれば同じ300万円でも売れる見込みは十分あるでしょう。

「田舎だから不動産は成り立たない、危険だ」というわけではありません。

わたしの物件条件に地域性は入りません。地方であっても適正な物件をつかめば、入居は問題なく付きます。

ただ、地価が下落傾向にある地域では、利回り、築年数、立地のバランスで投資妙味がかなり変動するので、玄人向けとなります。はじめは地価が上昇傾向にある物件のみを投資対象とするのが無難です。

「田舎だと将来的に物件が売れないかもしれない」と心配される方もいますが、限界集落のような場所ではなく、ある程度、近所にも人が住んでいる土地の価値がゼロになることはありません。購入時、売却時に利回り15％以上など条件を厳しくする必要はありますが、物件が売れないということはありません。価格しだいなのです。

物件価格の下落リスク

ここで物件価格の下落によって損する場合のシミュレーションをしてみましょう。

物件価格3000万円、利回り10%で購入した物件が仮に1年後に値崩れして2700万円（利回り11・1%）になってしまったとします。この場合は家賃収入300万円と不動産価格の下落幅が同じなので経費を考えると損になります。

2年後さらに10%下落すると2400万円です。3000万円、利回り10%で買ったものが、2年で2400万円（利回り12・5%）になってしまったとすると、それはそもそも物件の投資妙味を見誤ったと考えざるを得ません。その地域でその利回りで購入したことが誤りです。同じ理屈で、5年後に1500万円、10年後に物件価格がタダになってしまった場合は損になります。

ただ、5年後に1500万円の場合は家賃300万円なので利回り20%、10年後にタダ（0円）になってしまった場合は利回り無限になってしまいます。こんなことが今後10年以内に起こるでしょうか？

わたしは地価が上昇傾向で利回り10%以上、物件価格に対する土地の価値もある程度担保されている（第6章で述べる坪単価の目安をクリアしている）物件を購入しています。

物件価格の下落リスクシミュレーション

**3000万円・利回り10%・
家賃収入300万円(年間)の場合**

5年後に1500万円 利回り20%
(家賃が5年間で300万円×5=1500万円入ってきている)

10年後に0円 利回り無限
(家賃が10年間で300万円×10=3000万円入ってきている)

実際、土地の価値も担保された場所にある利回り10%の物件が1年後、2年後に家賃収入分安くなって市場に出ることはまずありません。もしそんな物件があったら、投資妙味が十分にあると判断してわたしを含めた不動産投資家は迷わず買付に行くでしょう。

ポジショントークに聞こえるかもしれませんが、現実的に考えて地価が上昇傾向にある土地の高利回り物件であれば、わたしは地方であろうと恐れずに物件を買い進めます。

空室リスク

将来的な空室リスクが心配という方も大勢いらっしゃいます。これも入居者の気持ちになって周りと差別化したリフォームをおこなったり、管理会社と良好な関係を築くことで問題なくクリアできます。間取りが2DKなど広め、駐車場あり、トイレ・キッチン・風呂などの水回りが小ぎれい、壁紙は汚れておらず、照明やアクセントクロスもオシャレ。こうした物件であれば内覧された方の記憶に留まります。入居付けがしやすいのです。

わたしの所有物件は地方都市メインで、地価が上昇傾向の場所がほとんどです。58部屋がほぼ満室の状態をキープしており、空室が発生したとしても1~3ヵ月以内に埋まります。間取りや駐車場などスペックで差別化したうえで、リフォーム、修繕、管理会社以外の業者へのお願いなど空室対策のノウハウがあれば、戸数が増えても高入居率を達成できます。**空室が出ても、いかに入居したいと思える部屋をつくれるかが不動産賃貸業の醍醐味**と言えるでしょう。１㎞周囲に数軒しか家がない限界集落のような地域などでなければ、都心部でなくても賃貸需要はあるので、工夫しだいでなんとでもなります。

管理会社との付き合いについて具体的にお伝えすると、わたしは空室が発生すると、１～２ヵ月ごとに管理会社に連絡をとって内覧の様子を聞いたり、「ペット可でも高齢者でも複数人でも外国人でも事務所利用でも、条件は柔軟に対応させて頂くのでいつでもご連絡ください！」と伝えています。３ヵ月ほど決まらないときは管理会社に手土産を持って訪問してみるなど、物件を案内する担当者の頭の中にわたしの物件が浮かんでもらえるように努力しています。これはごく一部であり、他にも空室対策の施策は色々あります。

逆に言うと、どこにでもあるような平凡な部屋は特に差別化も図られていないので家賃だけで判断されてしまい、入居は決まりにくくなります。

修繕リスク

すでに述べたとおり、購入の基準は利回りが高い築20年以上の物件です。築年数がかなり古くても土地の価値が担保されていれば利回り10%前後でも購入しています。これは経験上、**築40、50年だとしても意外と修繕は必要ない**ことがわかっているからです。多少修繕が発生したとしても利回りが高いので収支を圧迫しないし、物件の構造をきちんと選べば修繕は安く済ませられます。

具体的な修繕の頻度や金額をお伝えすると、わたしの所有物件でいちばん多くて3ヵ月に一度程度、排水の詰まり抜き修繕が発生するアパートがあります。毎回2万円程度の修繕で家賃収入は月に20万円入ってくるので修繕費としては年間で3%ほどの経費です。

数ヵ月単位で連絡がくるのはこの1棟だけで、他8棟5戸の所有物件は過去5年間で計4件の修繕でした。水漏れ1回（15万円）、階段補修（5万円）、トイレの水漏れ（10万円）、台風によるドアの修繕（2万円）です。

大雨、台風など災害による被害は火災・地震保険に加入しておくことで修繕費はカバーできます。

災害リスク

日本は火災、地震、水災などの災害が多く「南海トラフ地震が起きるから、それ以外の地域を選んだほうがいいのでは？」と色々心配される方がいます。

これについても火災保険や地震保険を掛けておくことで対応できます。もし災害によって損害が生じてしまったら多額の保険金が出ます。

阪神・淡路大震災では783億円、東日本大震災では1兆5３０億円の保険金が支払われました。災害が生じた場合その被害に応じて全損、大半損、小半損、一部損の区分に認定され、それぞれの損害区分に対して100%、60%、30%、5%の保険金が支払われます。

また、保険金の支払いは保険会社だけではなく国も支払い義務を負っているので保険会社の経営状態によって支払いが滞ることもありません。火災や保険などの災害リスクは保険を掛けることで十分対処できます。

入居者の安全確保が大前提ですが、仮に災害で建物が倒壊してしまったら、保険金で十分な補助を受けながら新築ができます。

家賃滞納リスク、入居者トラブル

家賃滞納や入居者とのトラブルが心配な方もいるでしょう。よくある質問は「生活保護者が入居すると家賃滞納リスクがあるのではないか?」というものです。

わたしの所有物件には生活保護関係なく住んで頂いていますが、家賃滞納は一度もありません。万が一家賃滞納が発生した場合には管理会社や保証会社が代わりに督促してくれます。

仮に、生活保護を受けている入居者の方が家賃滞納が生じた場合は、市役所から受給者にお金を支給する前にオーナーに直接家賃が支払われる家賃代理納付制度を活用しましょう。手続きは管理会社にお願いするか、依頼できない場合には非常に簡単な手続きなのでオーナー自ら自治体へ申請してもいいでしょう。

また、クレーマーが入居するリスクも心配な方もいるでしょう。原則、オーナーが入居者と関わることはなく、トラブルやちょっとした修繕の対応はすべて管理会社がおこなってくれます。もちろん、管理会社が大変な目に遭ってしまうので、選別したうえで入居付けをしていますが、オーナーは入居者トラブルを過度に心配する必要はないでしょう。

いつまでも行動しないことがリスク

不動産は時間の経過で家賃という収益を発生させる、時間を味方につけるビジネスなので、不動産バブルと言われる今でも、なるべく早く不動産を獲得するために動いたほうが有利です。

今後、需要が高い地域の物件価格が大きく下がって今より利回りの高い物件が市況全体に溢れ返る未来はほぼありません。多少あったとしても、そのような市況でうまみがある物件情報を手にするのは、すでに不動産投資をスタートしている人です。

「日本の人口が減少している」「GDPが下がっている」と言われても、今後も不動産バブルと言われ続けるのだと思います。繰り返しますが、わたしが6年前に不動産に参入したときも「不動産バブルだから、この先は厳しい」と言われていたのです。

ただ、お伝えしたようにリスクを抑えたうえで不動産で成功できるのは、投資妙味があるいい物件が手に入ったときに限ります。利回りが低く、売却時に残債でしか売れないような1Rや1Kなどの物件、築古RCで部屋の間取りも狭く空室率も高くて、多額の修繕費が発生する可能性がある変な物件をつかんでしまったら、儲からないどころか大きな損失が生じます。

そのような失敗を防ぐために、次章で「勝ちパターン」を学び、不動産を見分ける眼を養いましょう。

第4章

最優先で考えるのは出口戦略

物件購入して最後は……どうしますか？

ここまで不動産投資についての理解を深めて頂きました。本章からは具体的に投資妙味のある物件をどう見つけ、購入するのか、一つひとつのプロセスを紹介していきます。まずは**出口戦略**です。

不動産投資においていちばん大切なのは買うときです。当たり前のことだと思われるかもしれませんが、運営のしやすさもリスクも利益も、物件と購入価格によって大幅に異なります。そこで購入を検討する際、真っ先に考えるのが出口戦略なのです。

一般に不動産は「立地はいいか？　利回りはいいか？」といったことばかりが着目されがちです。しかし、プロの不動産投資家は出口戦略をかなり重要視します。「この物件はどのタイミングで、どのような出口戦略がとれそうか？」が最初に検討すべきことです。出口を考えてから、物件の個別条件を見ていくのです。

出口戦略は次の４パターンがあります。

①建物も土地もそのまま売却する
②建物を解体して更地にして売却する
③所有し続ける（場合によってはリフォームする）
④建物を解体して新築を建てる（そのまま所有し続ける、または売却する）

わたしが１軒目として購入した築22年の軽量鉄骨アパート（２３００万円）を例にすると、①のパターンでは今の相場から予測して５～10年後も購入時から大きく値下がりすることなく売却が見込めます。

②のパターンでも同様に価格を維持したまま売却できそうです。建物が使いものにならなくても土地の価値があれば、更地にして売却することを考えます。物件のメンテナンスや構造にもよりますが、築35年以上の物件はリフォームや解体を徐々に意識し始める時期です。基本的に土地もそれなりに需要が高い土地を選定しているので、

出口戦略4つのパターン

①建物も土地もそのまま売却する

②建物を解体して更地にして売却する

③所有し続ける(場合によってはリフォームする)

④建物を解体して新築を建てる(そのまま所有し続ける、または売却する)

この物件も更地した場合でもそこまで値下がりせずに売却できる見込みがあります。

また、住居としても需要が高いエリアで購入しており家賃はすでに下がりきっているので、融資の完済後に③のパターンをとっても安定して運営できそうです。

日本の不動産は造りがしっかりしていて、平気で60、70年もちます。メンテナンスしだいでは100年もつかもしれません。物件の所有期間にもよりますが、肌感では80%以上は長期間保有しても①のパターンで売却することになるでしょう。

出口戦略を検討する際には**その地域の同じような築年数、間取り、構造の物件がいくらで取引さ**

れているのかという相場観は大切です。ぜひポータルサイトや仲介業者の資料などから情報を仕入れて、日頃から相場観を養ってください。

築年数という数字だけではなく、見た目も大事で、軽量鉄骨や木造の物件は築年数が35年を超えてくると、外観が古びているものもあります。このため、長持ちする物件でも、更地としていつ売却しても利益が確保できるように考えておきます。

この場合は②、④に当てはまり、あらかじめ土地だけでどれくらいの価値がありそうかを試算します。

出口戦略は売却だけではなく、③のパターンで所有し続けるという選択肢もあります。わたしが1軒目に購入した物件はローンの返済が半分終わっており、完済後は家賃がまるまる入ってくるのでそのまま所有してもいいと考えています。

所有し続けるのであれば、退去者が出たタイミングで近隣の類似物件と差別化できるリフォームをある程度お金を掛けてする選択肢もあります。

④のように解体して新築を建てる場合は、ある程度の賃貸需要が見込める場所が望ましいです。地価が下落傾向だと新築を建てても家賃下落リスクや空室対策に苦労す

る可能性があります。土地価格と利回りのバランスは少し難しいので、第11章の実例で紹介します。

大切なことはいつ、どの出口戦略を取っても利益が残るような物件を購入することです。具体的な条件は次のとおりです。これらすべてをクリアしている物件を選びましょう。

所有権があるか

出口戦略を考えるときに、まず重要なのが**土地の所有権**です。物件資料の項目で、土地権利が所有権と記載されていれば土地と建物の所有権が売主から完全に買主に移るということです。

土地権利が借地権であれば、建物の所有権のみ買主に移って、土地については買主は他人から借りるということになります。

都心部などでは土地が借地権の物件もあります。ランニングコストとして借地料が掛かります。また、旧借地権であれば古くなった建物を解体して新築にする権利はありますが、土地の所有権をもったオーナーに承諾料（数百万円）を支払わなければならない可能性が高いです。

さらに、売却する際に借地権がネックになって売却価格が低くなる傾向があります。

1棟目の物件は所有権ありにしましょう。

市街化区域か

街には都市計画が存在します。都市の健全な発展と秩序ある整備を図るために、その土地に対して建てられる物件種別を指定している法令です。

その土地には建てられる物件の種別に制限があるのです。市街化調整区域という条件がついていると、元々のその土地の所有者が農家の場合、農家向けの住宅、つまり農業生活の利便性がプラスになるような建物や倉庫しか建てられないような、用途に制限のある土地というケースがあります。この場合一般的なアパートや戸建てを建てようとすると建築の承認が困難を極めます。

基本的に市街化調整区域は「市街化を抑制する区域」であり、建築はできません。空きの戸建てを賃貸する行為も「調整区域で収益行為をすること」に該当し、禁じられています。

よって、**市街化区域**の物件のみが購入対象となります。「相場に対してやけに安い」と思ったら、市街化調整区域だったということはよくあります。注意してください。

接道：公道もしくは私道持ち分あり（幅員4m以上の道路に2m以上接道）

物件の前にどんな道路があるかということも出口戦略に大きく影響します。道路は大きく分けて2つです。

・公道（国や地方自治体の管理のもと、公共で使われている道路）
・私道（所有者が個人である道路）

私道のなかで、特定行政庁（都道府県知事や市町村長等）から「土地のこの部分が道路である」という指定を受けた幅員４ｍ以上の道路を「位置指定道路」と言います。原則、私道であっても位置指定道路に認定されないと隣接する土地に建物は建てられません。

持ち分というのは私道の所有権を一部持っているかどうかで、私道の所有権を一部でも所有していれば持ち分あり、と言います。

私道の持ち分がない場合、その道路を使用する権利がこちらに一切ないことになってしまうので、再建築の際には所有者の承認が必要です。道路の使用料を支払う必要が出てくるかもしれません。

そのため、物件の前の道（接道）が**公道もしくは私道持ち分あり**のものを選びましょう。

もうひとつ大事な条件として、接道が公道あるいは私道持ち分ありだったとして、物件は**再建築する時点で幅員４ｍ以上の道路に２ｍ以上接している**必要があります。

昔つくられた道路は幅員４ｍ以下のものもあります。それでも十分、車は通れるの

接面道路

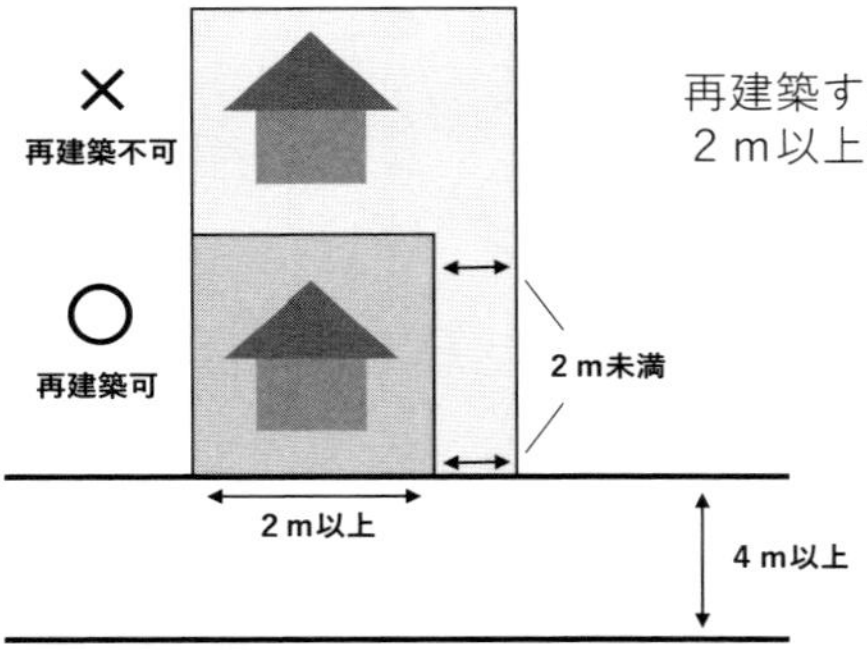

再建築する物件は幅員4m以上の道路に
2m以上接している必要がある

ですが、法令が改正されて消防車などの緊急車両が通りやすいように、新築を建てる場合、その前の道路は幅員4m以上（道路の中心線から2mずつ）且つ物件が2m以上接している必要があります。

この条件が満たされていない物件は、今ある建物を壊してしまったら再建築できません。資料に「再建築不可」と書いてある物件は、幅員4m以上の道路に2m以上接していない土地なのです。

そのため解体予定がなくても、買い手がつきにくく売却するときに安値で買い叩かれる可能性が上がります。公道と接している、あるいは私道持ち分があって、幅員4m以上の道路に2m以上接している物件を選んでください。

ただ、セットバック（土地と道路の境界線を後退）させることで前面道路の幅員が4m以上となる場合は、再建築ができます。ただしセットバックありの物件は、再建築する際に敷地の一部が道路として削られる、建ぺい率や容積率に算入されないなどのデメリットもあります。建ぺい率、容積率については第7章で説明します。やや複雑なので初心者は避けるのが無難です。

心理的瑕疵（告知事項）なし

入居者が孤独死や自殺をしたり、犯罪が起きた部屋など、入居する際に心理的にネックになり得る条件のことを心理的瑕疵と言います。資料に「告知事項あり」と書いてあった場合は業者に確認しておく必要があります。心理的瑕疵（自殺、孤独死、犯罪）があれば、絶対に売主は把握しています。これを隠して売るのは詐欺となります。

心理的瑕疵や告知事項があったとしても気にしない大家や入居者はいますが、入居付けを考えれば、1棟目は**心理的瑕疵（告知事項）なし**の物件を選ぶのが無難です。

瑕疵担保責任はあり？なし？

瑕疵担保責任（契約不適合責任）とは、心理的瑕疵以外の白アリ、雨漏り、傾きなど構造上の瑕疵に対する責任のことを指します。「売買が成立して所有権が移ったあとに、売主が知らなかった瑕疵が存在したとしても売主にその責任は追及しません」というのが「瑕疵担保責任なし（契約不適合責任なし）」という文言です。

築古の物件は何かしらの不具合が生じている可能性はゼロではありません。ただ、白アリや雨漏りがあったとしても最大で20万円程度で補修できるので大きな問題にはなりません。

傾きがあれば入居募集時に仲介業者が必ず把握していますし、入居中に発生した場合すぐに入居者から連絡があります。

瑕疵担保責任なし（契約不適合責任なし）という文言は築古アパートや戸建てには

当然ついているので、それについて文句を言えば業者から「面倒くさいことを言う人だ」と敬遠されてしまいます。これはやむを得ない条件として飲み込みましょう。瑕疵があってもカバーできる価格で購入しておくことが大切です。

第5章

投資妙味がある物件の見分け方

投資妙味がある物件は1％未満

出口戦略が組めたら、いよいよ物件の条件を具体的に検討していきます。

まずは狙うべき物件の条件をおさらいしてみましょう。

築年数：20年以上
利回り：10％以上
空室：なし
構造：軽量鉄骨または木造アパート
間取り：2K以上（住居利用のみ）
専有面積：30㎡以上／部屋
駐車場：地方であれば必須

物件の価格を決めるもの

物件価格 ＝ 建物価格 ＋ 土地価格

建物価格 ＝ 物件の造り、築年数、床面積などで総合的に決まる
土地価格 ＝ 地価 × 土地面積

築年数：20年以上

物件価格は土地価格と建物価格の合算で決まります。土地価格は地価（土地の坪単価）に土地面積を掛けて計算されます。詳しくは次章で説明します。

建物価格は物件の構造、築年数、床面積などから総合的に決まります。新築がいちばん高くなり、年々下がります。新築を購入して高い家賃収入が入ってきたとしても、物件価格の値下がり額のほうが大きいと、退去者が出たときに家賃を下げざるを得なくなり、儲けが出にくくなります。

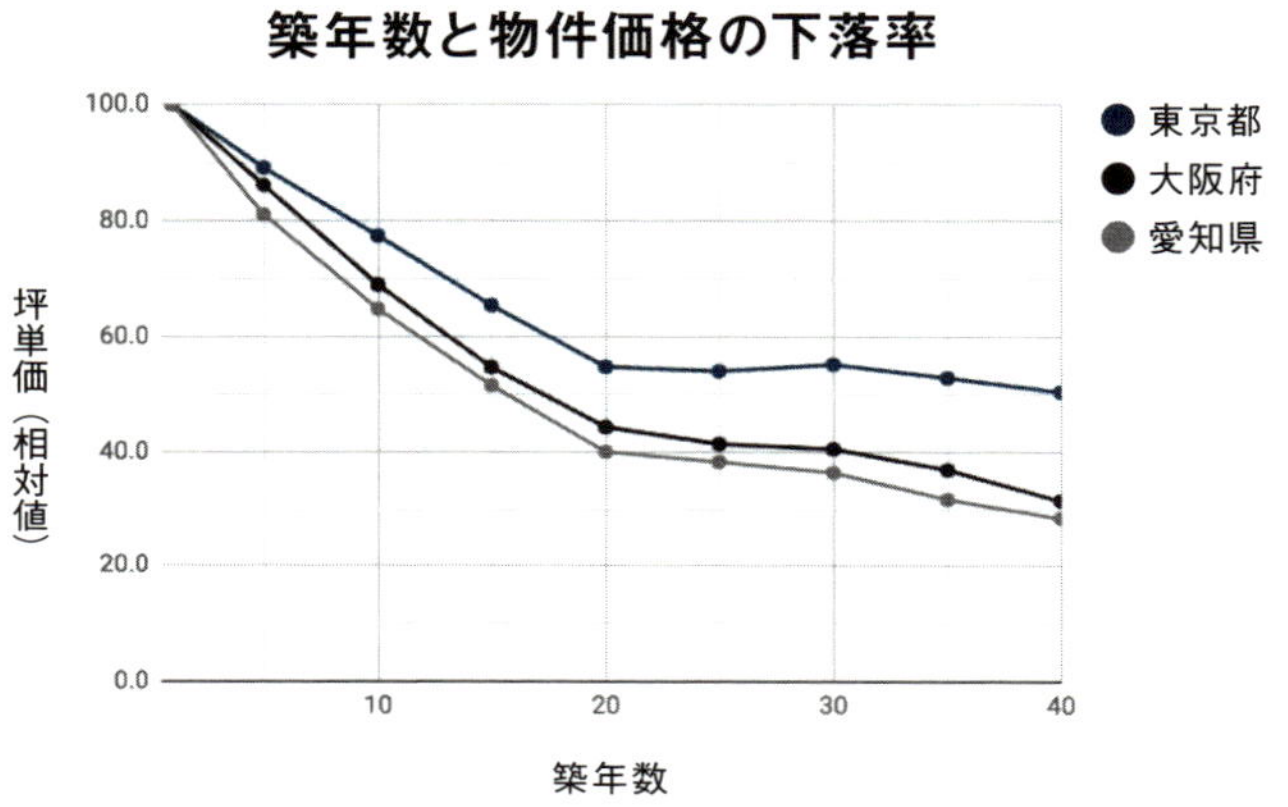

そもそも建売の新築は業者の利益が乗せられているので利回りが低く、かなり吟味しないとそれほど儲かりません。

安く土地を仕入れて自分で工務店を選んで差別化されたデザインや間取りの新築を建てればうまみが得られる可能性はありますが、まずは築20年以上の築古を運営してみたうえで新築を検討することをお勧めします。

なぜ築20年以上かというと、上図のとおり、**築20年を経過すると家賃や物件価格の下落がかなり鈍化する**からです。将来的な家賃がほとんど変わらないので、収支の見通しが立ちやすいのです。

また、近年は建築費、人件費の高騰によ

り新築価格も数年前と比べて2~3割高くなっています。よって築20年以上の物件も建物価格の価値が高く、収益と運営コストの両面でバランスがすぐれています。

「築20年以降の築古を買って大丈夫なの?」と心配される方もいますが、ご両親や祖父母は何十年も同じ家に住まわれていませんか? あるいは近所に相当築年数が経っている家もあると思いますが、自然倒壊しているでしょうか? 築30、40年経っていてもボロボロの朽ち果てた住宅ではないはずです。

法定耐用年数については後述しますが、築年数が古い物件を購入しても、すぐに建て直しを検討する必要はありません。実際にわたしは旧耐震基準である築55年の物件を所有しています。もちろん新耐震基準の物件よりは災害による倒壊リスクはありますが、そういった災害リスクも月々数千円の保険でヘッジできています。また、建物を更地にして売却したとしても500万円以上の利益が見込める価格で購入しています。

古いから入居されないという心配もまったく不要で、空室対策しだいでコントロールできます。

利回り：10％以上

当たり前の話ですが、利回りは高ければ高いほどいいです。世の中には「利回り8％が絶対条件」と紹介する手法もあります。しかし、不動産は融資の返済、固定資産税、火災保険、修繕、退去後のリフォーム費用などさまざまなランニングコストが掛かります。利回りが低いと、金利が上がったり、空室になったときのランニングコストが収支を圧迫してすぐに赤字になってしまいます。

わたしが推奨するのは**利回り10％以上**です。かなり高いと思われがちですが、新築のアパートや戸建てでも利回り6～7％は達成できます。そう考えると、築古で利回り8％は物足りない水準です。利回り10％以上を狙いましょう。

また、物件が安ければ安いほど当然利回りは高くなります。リスクを抑えるために数百万円の小さな戸建てからスタートしたいという気持ちも理解できますが、低価格帯の物件だと買える人の母数も増えるので、競争が激しくなります。専業大家や時間

医師が取れる有利な戦略

ターゲット：比較的高価格帯の物件（2000万〜5000万円）

（立地が良く地価の値上がりも期待できる物件）

➡ **比較的競合が少ない状態であり、有利に戦える**

のあるサラリーマン大家にスピード勝負では勝てないので、わたしが推奨するのは比較的、高価格帯の物件です。

また、立地がある程度良くて地価の値上がりも期待できる場所が望ましいです。具体的には土地代を含めて２０００万〜５０００万円のレンジで、後述する土地代データで上昇傾向にある土地の物件です。融資をもっと引けるかもしれませんが、予期しない修繕など万が一の出費に備えて、１棟目は５０００万円を上限とするのが無難です。

空室：なし

物件の入居状況は**満室**の状態であれば

買ってすぐリフォームや空室対策、入居付けをする必要がないので、初心者は満室の物件から購入しましょう。空室対策も手法が色々あるので知っていればなんとでもなるのですが、1棟目として買うのであれば空室なしの物件が手堅い選択です。

構造：軽量鉄骨造もしくは木造のアパート

建物の構造はおもに鉄骨鉄筋コンクリート（SRC）、RC、重量鉄骨、軽量鉄骨、木造の5種類があります。もっとも頑丈な構造であるSRCやRCは建築費が高いので物件価格も高額になります。壁が分厚くて硬いので、万が一水漏れの修繕や電気工事が必要になった場合、壁を壊して原因部位を調べることもあり、多額の修繕費が掛かります。解体費も高額になります。

1棟目としては**軽量鉄骨造もしくは木造**を選びましょう。軽量鉄骨もしくは木造であれば、壁を一部壊さないといけないような修繕が発生したとしても、RCの10分の1程度の金額で抑えられることが多いです。解体も比較的安価で済みます。

建物は構造によって「法定耐用年数」が決まっています。法定耐用年数というのは、税務の計算をするために決められた「資産価値が帳簿上から消滅するまでの期間」で、シンプルに言うと税務上その構造の物件がどれだけもつのかの基準です。

・RC造　47年
・重量鉄骨造（肉厚4mm以上）34年
・軽量鉄骨プレハブ造（肉厚3〜4mm）27年
・木造22年
・軽量鉄骨プレハブ造（肉厚3mm以下）19年

この5種類はおぼえておきましょう。

軽量鉄骨プレハブ造でも鉄骨の厚みによって法定耐用年数は変わります。これらの耐用年数は減価償却を計算する際に関係します。ただ、**法定耐用年数と実際どれくらい建物がもつかはまったく別物です。**たとえば、京都の町家には木造で築100年以上という物件が建っています。実際、軽量鉄骨造でも木造でも50年以上はもちます。

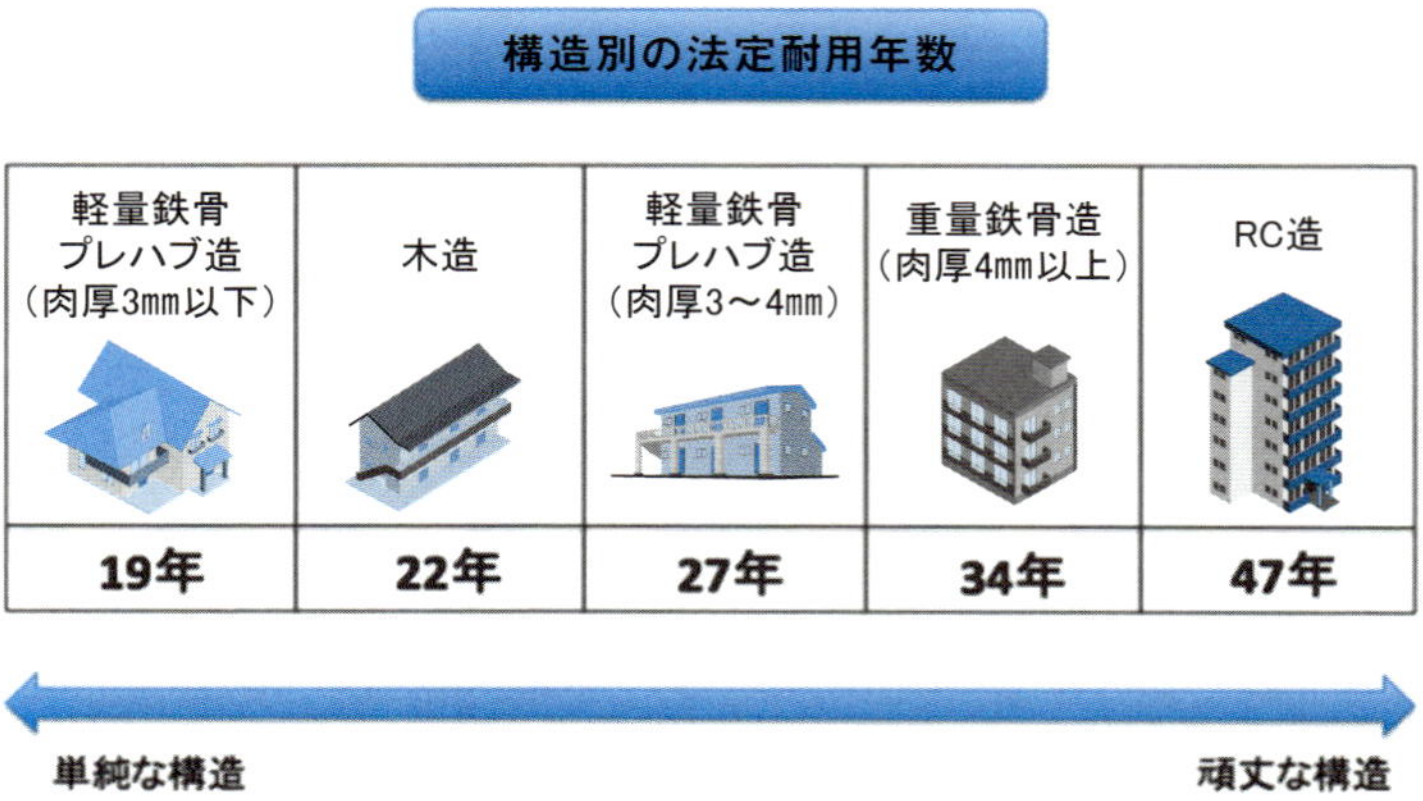

ただ、法定耐用年数を超えていると銀行によって建物の価値はあまりないと評価されることもあるので融資が7〜8割になってしまうことも多いです。その分、自己資金を厚めに持っておく必要があります。

□ 間取り：2K以上（住居利用のみ）

テナント物件だとテナントが出て行ったときに半年以上空室が埋まらなかったり、特殊な内装（バーなど）だと、スケルトン状態（内装をすべてなくした状態）にしたり、次に使う事業者のためのリフォーム費用が多額に掛かったり、不確定要素が多くなります。

1棟目としては一般の不動産業者が入居付けに慣れている住居利用の物件がお勧めです。そうなると間取りは1LDKだと1Kや1Rよりやや広いといった印象で、どちらかというと単身者向けの物件になってしまいます。キッチンとは別に2部屋ある**2K以上**の物件を推奨します。

某地方都市の賃貸物件の間取りを見ると、1R、1K、1DKの合計が62・7%と全体の6割以上を占めていて、狭い間取りの供給量が多いのは全国的な傾向です。とくに東京都では土地が高いので、限られた土地に部屋を詰め込んだ狭い間取りがより多くの割合を占めます（次ページ図）。

供給が多いということは競合が多数いるので空室リスクが高く、築年数が経つにつれて家賃や物件価格が値下がりしやすいです。狭くて古い物件は家賃の下げ幅がかなり大きく、需要も一気になくなります。もし狭い間取りで勝負するなら「狭くても新しくて綺麗、または大きく差別化されている」ことが必須です。狭くて古く、他の物件と比べて特徴もない物件に住みたい人はいないのです。

「多少古くてもこぎれいで広い」という物件であれば、築年数が経過したとしても底

賃貸物件間取りの割合

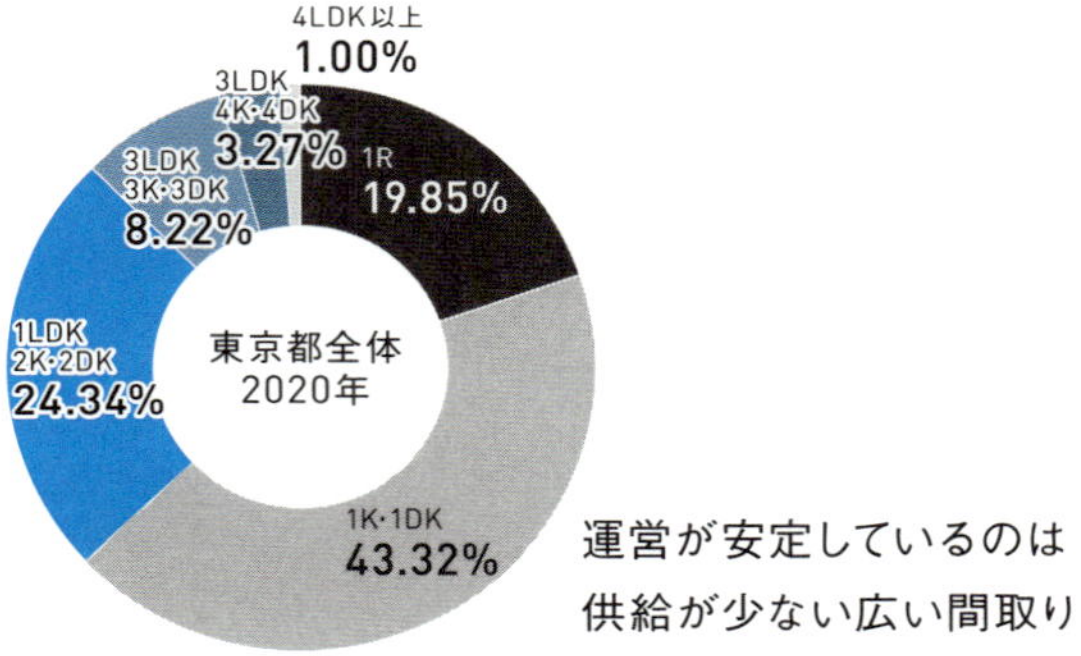

https://renovism.com/statistics/report-comparing-floor-plans-for-rent-by-region-in-tokyo-in-2020

固い需要があるので2K以上をお勧めします。

差別化が難しくなると、単純に家賃を下げるしかありません。ワンルームマンション投資は流行っていますが、儲かっている人は極めて少ないので手を出さないのが賢明です。

専有面積：30㎡以上／部屋

2K以上と述べましたが、家族で住んでもらうことを考えれば1部屋**30㎡以上**は必要です。学校に通っているお子さんがいるご家庭では、単身者とは違って更新のタイミングで引っ越すリスクも減り、入居が長期になりやすいので満室を維持しやすくなります。

駐車場（地方であれば必須）

２Ｋ以上、30㎡以上の物件で利回り10％以上をめざすとなると、土地の高い都心部の物件は難しいです。具体的には公示地価の坪単価が１００万円を超えてくると、利回り10％以上の物件を見つけるのは難しくなってきます。必然的に駅から少し離れた場所の物件がターゲットになりやすいので、**駐車場**は必須になります。最低でも１部屋１台分、できれば２台分以上あれば入居付けがしやすくなります。駐車場が複数ある物件は希少価値が高いので、長期間住み続けてもらえます。

戸建ての購入を検討する場合は、塀を壊して駐車場を増やせるなら増やすといいでしょう。入居付けがしやすくなるのでお勧めです。費用もそこまで掛かりません。

before 塀があるので車は最大2台しか置けない

after 塀を除去し、3台分置けるように(費用約10万円)

第6章

ベストな土地の条件

エリア：公示地価が上昇傾向

ここまで何度か出てきた公示地価とは、国土交通省が公表する土地価格の目安です。他にも土地の価格を表すものとして基準地価と路線価があります。

不動産売買の際に不動産関係者が参考にしているのは公示地価やレインズ（REINS）という過去の取引データが参照できるサイトです。レインズは国土交通省が指定する不動産流通機構（東日本・中部・近畿・西日本）が運営しているサイトで、Real Estate Information Network System の頭文字を取っています。不動産仲介業者が自社で物件情報を保有して、他の不動産仲介業者に情報を流さない、いわゆる囲い込みを防ぐために構築されたものです。

レインズの閲覧には宅地建物取引業者の登録が必要なので、私たちが地価を検討す

地価について

公示地価･･･国土交通省が公表する土地価格の目安
2万6000地点で計測
基準地価･･･都道府県が調べて公表する土地価格の目安
2万6000地点で計測
路線価･･･国税庁が公表する土地価格の目安
33万6000地点で計測

る際は公示地価を参照します。

ひとつ注意点があって、実際に取引される価格（実勢価格）は需要と供給のバランスによって変動するため、特に都心や地方都市でも駅前などかなり立地が良いエリアだと**公示地価と実際の売買価格が2倍近く乖離する**ケースがあります。逆に地価が減少傾向の地域では公示地価より低く取引される場合もあります。

ただ、地価が上昇傾向の地域なら、公示地価で土地の下限値の目途をつけておくことができます。

解体して更地として売るケースを想定したときに、下限値を知っておけば高値づかみするリスクを減らせます。

わたしは公示地価の相場がわかるサイト「土地価格相場が分かる土地代データ」を頻繁に利用しています（https://tochidai.info）。

このサイトのよいところは地図上で細かく地価が上がっているのか、横ばいなのか、下がっているのか、傾向が一目でわかりやすいことです。

たとえば、岡山駅周辺の地価は総じて上がっています。1駅隣の法界院駅でも3・6％程度上昇しています。しかし、岡山駅から2駅離れた備前原駅近くになると1・39％の下落となっています（2024年7月4日時点）。注意点として、地価はその土地の前面道路の幅員、種別などによって近いエリアであっても価格差が生じます。

土地代データで見るのは、**上昇傾向のエリア**であるかどうかと公示地価の2つです。公示地価が上昇傾向であれば、たとえ市況が芳しくない時期でも土地価格は大きく下がらない可能性が高いです。今は市況がよいので数年後に、より高値で売却できる可能性もあります。

反対に値下がりしているエリアだと公示地価では10万円／坪と表示されているのに、5万円／坪以下でも売れないというケースも珍しくありません。土地代データをひとつの指標として、物件情報が出てきた際には必ず参照して、土地の価値がどれくらいあるかを必ず算出してください。

土地価格の目安

出口戦略で「②建物を解体して更地にして売却する」という選択肢があると述べました。木造や軽量鉄骨の構造で築年数35年以上の物件は、解体後に更地で売却する可能性も意識しておくべきです。

また、売主が相続や法人解散などの事情により売却を急いでいて、土地の価格以下で売りに出されている物件も稀にあります。そういった物件は建物が古かったとしても、更地にして売却益が見込めるので購入対象になります。

築年数ごとの土地と建物の価格のバランスを参考までにお伝えします。以下の計算式で物件に高額な値付けがされていないかをチェックしてください。

◎築年数別、建物部分の望ましい坪単価の目安（軽量鉄骨もしくは木造の場合）

土地価格＝物件近隣の坪単価（土地代データ記載）×物件の土地面積（坪）

※１坪≒３・３㎡

①築20～30年の場合

（物件価格－土地価格）÷建物の延べ床面積（坪数）＝30万円以下／坪が望ましい

ex．築25年のアパート　物件価格３０００万円　土地価格１５００万円　建物の延べ床面積（坪数）50坪の場合

∴（３０００万円－１５００万円）÷50＝30万円／坪なのでＯＫ

②築30～35年の場合
(物件価格－土地価格)÷建物の延べ床面積(坪数)＝20万円以下／坪が望ましい

ex. 築32年のアパート　物件価格3000万円　土地価格2000万円　建物の延べ床面積(坪数)50坪の場合
∴(3000万円－2000万円)÷50＝20万円／坪なのでOK

③建物の築年数が35年以上の場合
土地価格が物件価格以上、もしくは同等程度

ex. 築37年のアパート　物件価格3000万円　土地価格2000万円
∴物件価格＞土地価格なのでNG

一般の方でも過去の実例の取引データを調べられるサイト「不動産情報ライブラリ」もあります(https://www.reinfolib.mlit.go.jp)。ただ、レインズよりも事例が少なく、表での表記になるのであまり使い勝手がいいとは言えません。

第7章

マイソクを極める

騙されない物件資料の読み方

ここまで出口戦略、物件条件、土地条件の知識を習得してきました。これを実践でどう活用していくのか、実際の物件判断は不動産仲介業者からもらう物件資料（マイソク）で判断します。つまり、不動産投資家として成功するためには、物件条件を知るだけでは不十分で、マイソクを読み取る力を磨かなければなりません。ここでプロと素人が大きく分かれます。

ただし、基本は物件条件の知識がベースとなります。それらをしっかりと押さえたうえで、マイソクに落とし込んで読み取ることで投資妙味の有無を判断するのです。

ここでは、ベーシックな情報をすべて満たしているマイソクを例として出していきます。わからない用語がある場合には自分で調べてマイソクの中に不明な情報がないようにする必要があります。

前提として、マイソクは不動産仲介業者が独自に作成する資料の通称なのでフォーマットは業者ごとに異なります。**記載のない条件は自ら確認しなければなりません。また、不動産は個別に条件が異なるため、これまで述べてきたこと以外の項目も当然ながら出てきます。**それらを一つひとつ挙げていくと辞書のような内容になってしまうので、ここでは基本的に押さえておくべきポイントだけがわかるように、いちばんベーシックなマイソクを使用しています。もしどうしても不明な点があればご自身で調べて頂く必要がありますが、わたしが投資妙味を判断する際に見ている項目はすべて盛り込みました。

マイソクを見る順番はこれまで説明してきた項目のとおりです。まず出口戦略を考えるので「土地」と書いてある箇所を見ていきます。土地に関する詳細の情報が掲載されています。

④

⑦

〇〇市△△区　××1丁目

住所　〇〇番××号　地番：〇〇番××

土地：**104.01坪** 343.84㎡　建物：**74.26坪** 245.52㎡

税込　**3,700万円**
仲介手数料（要）

〇△アパート　総戸数6戸　表面利回り約8.9%

【室内写真】

【キッチン】

⑤

★室内は綺麗にリフォームされています！

③ ● 別途：私道の持ち分有り

⑪ ● 満室想定年間収入：3,318,000円/年
満室時表面利回り：約8.96%

● 総戸数6戸（2DKタイプ6戸）※現況満室経営中

【外観写真】

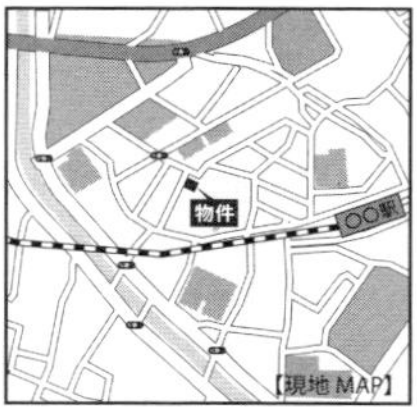

【現地MAP】

土地	地積地	公簿　343.84㎡（104.01坪）	①
	権利	所有権	
	地目	宅地	
建物	地勢	平坦	⑥
	環境	住宅地	
	面積	公簿　245.52㎡（74.26坪）	
	構造	鉄骨造亜鉛メッキ鋼板葺2階建	
	築年数	昭和62年3月築　築37年	
制限	建ぺい率	60%	⑧
	容積率	200%	
	用途地域	第1種中高層住居専用地域	
	防火地域	無	
	区域区分	市街化区域	
	その他法令上の制限		
	・景観法　・屋外広告物第3種許可地域		
道路	接道方向	東側：約4m	②
	道路種類	私道　角地 無	
	位置指定	有	
設備	水道	公営	⑨
	ガス	個別LPG	
	汚水	下水道	
	電気	〇△電力	
	駐車場	有	
その他	現況	賃貸中	⑩
	引渡	相談	
	交通	バス（〇△停留所）	
	学区	〇△小学校・中学校	

取引形態：一般媒介

出口戦略の検討

＜土地＞

①土地の権利は、所有権、旧法地上権、旧法賃借権、普通地上権、定期地上権、普通賃借権、定期賃借権となど色々ありますが、原則としては賃借権という言葉がつく土地は自分のものになりません。1棟目として狙いたいのは**所有権**なので、それ以外の物件は対象外になります。マイソクの「土地」を見ると、所有権となっているのでこの物件は問題ありません。

敷地面積は「公簿」と「実測」があります。公簿は登記簿として国（法務局）に登記してある面積で、実測は直近で実際に土地面積を測量して計算された面積です。公簿面積は以前に土地の面積が測量されて国に登記されたもので、それがかなり昔のものなので測量の方法がまだ正確でない場合、もう一度土地を測量してみると土地の面積が登記簿上の面積より大きかったり小さかったりします。実測は、国に登記されているかどうかに関わらず実際に最近土地を測量した結果を表しています。ここでは343・84㎡（104・01坪）となっています。土地価格の算出に必要です。

不動産上級者になると目測で土地の広さが大体わかります。明らかに公簿と目測が違う場合は、土地測量をして、公簿よりも大きかったら、その大きさで登記をし直します。

「地目」はその土地をどのような用途で使うか法務局に認定されたものです。宅地、田、畑など含め21種類ありますが、もともと戸建てやアパートが建っていれば**宅地**になるので、他の項目をおぼえる必要はありません。畑や田として利用されている土地に住宅やアパートを建てようと思ったら、地目を宅地に変更する必要があります。

＜道路＞

②「道路」を見ると接道方向は東に約4ｍとあります。接道道路は私道です。復習ですが、位置指定道路とは、都道府県知事や市町村長などから「土地のこの部分が道路

である」という指定を受けた幅員4m以上の私道のことです。

再建築するためには幅員4m以上の道路に2m以上接している必要があるので、現地調査ではきちんと幅員4m以上の道路に2m以上接しているか、メジャーで測る必要があります。前面道路の幅員が4m以下であっても、セットバックすることで幅員4m以上になるのであれば問題ありませんが、初心者は避けるのが無難です。

ここでは「舗装」という項目はありません。接している公道の舗装具合を示すものです。完全舗装なのか、簡易的な舗装がされているのか、土のままなのかを示します。物件の前に面している道路が公道であれば特定行政庁の申請を通過しているので必ず完全舗装ですが、位置指定道路は必ずしも舗装しているとは限りません。舗装が簡易である場合は、道路がそのままでは再建築不可になる可能性が高いので購入前に行政へ再建築の要件について確認が必要です。

③「公衆用道路の持分有り」とあります。私道の持ち分がない場合は使用権利がありません。建物を解体して新築を建てる場合、道路の所有者の承諾が必要です。100分の1でも持ち分がある場合は法的に自分も道路を使用して再建築する権利がありま

す。持ち分が一部でもあることが大切です。

物件条件の検討

＜物件価格＞

④「物件価格」は３７００万円になっています。土地代データを参考に所在地の地価が上がっているか、横ばいか、下がっているかも確認します。今回は上がっている地域だったので合格です。

＜間取り＞

⑤続いて「間取り」の確認です。２ＤＫとなっているので条件はクリアです。広さはやはり、広ければ広いほどいいです。

＜建物＞

⑥「建物」の項目にはどのような構造か、いつ建てられたのか、広さ、間取りが書かれています。構造は「鉄骨造亜鉛メッキ鋼板葺2階建」となっています。重量鉄骨か軽量鉄骨かは不動産業者に確認します。亜鉛メッキ鋼板葺は屋根の種別を表していて、こちらに陸屋根と表記されている場合は屋上が平坦な屋根なので、雨漏りのリスクが通常の屋根よりも高く、屋上防水を検討する必要があります。昭和62年3月に建築されたと書かれているので築37年です。

⑦建物の合計の広さは74・26坪となっています。坪単価の目安（136～137ページ）から算出すると物件価格と土地価格は同程度だったので、築37年の物件としては合格です。

＜制限＞

⑧「制限」は物件に対する特別な制限が記載されている項目です。

「建ぺい率」60％と「容積率」200％とあります。次ページの図のとおり、建ぺい

建ぺい率

敷地面積に対する
建築面積の割合

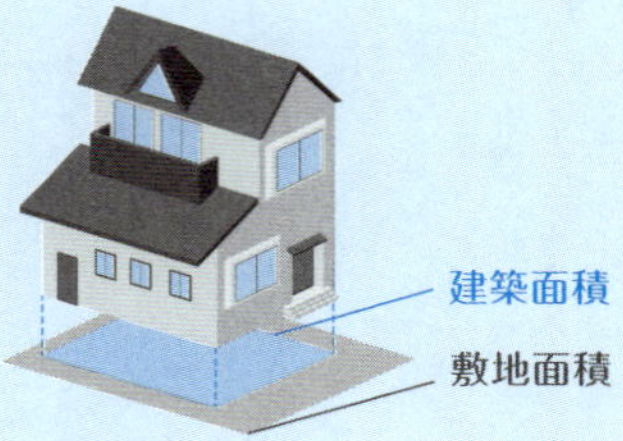

$$\text{建ぺい率}(\%) = \frac{\text{建築面積}}{\text{敷地面積}} \times 100$$

容積率

敷地面積に対する
延べ床面積の割合

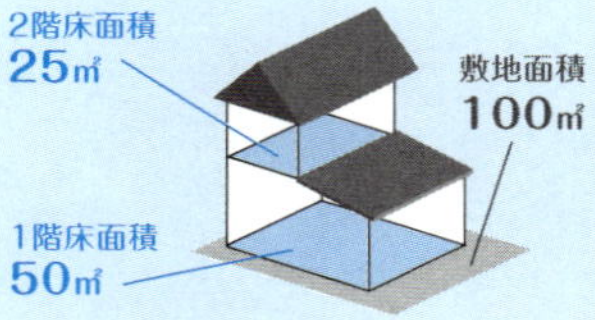

$$\text{容積率}(\%) = \frac{\text{延べ床面積}}{\text{敷地面積}} \times 100$$

75% ＝ (50㎡＋25㎡)÷100㎡×100

率は、敷地全体の面積に対する1階部分の建物面積の上限です。たとえば、１００㎡の土地があったとすると、建ぺい率60％の地域だったら1階部分は60㎡の広さまで建物を建てることができます。２階建てであろうが、３階建てであろうが1階の面積が60㎡であれば問題ありません。

容積率は、延べ床面積を敷地面積で割って１００を掛けたものになります。この物件では、１階、２階すべての面積を足した延べ床面積が敷地面積の倍（２００％）以下であればよいということです。この資料では敷地面積３４３・84㎡に対して、１階と2階の延べ床面積は２４５・52㎡で、容積率は71・４％となります。法務局へ未申請のまま増築すると建ぺい率や容積率をオーバーする可能性があり、その場合、融資も下りづらくなってしまうので、建物に未登記部分がある場合は売主に増築分を登記してもらったうえで融資の審査に進む必要があります。

「用途地域」は、法的目的を国土交通省が定めて実際の用途地域を区分し、市区町村が棲み分けをおこなって、建築物などに対するルールを決めます。

たとえば用途地域として「住居専用地域」の土地には住宅だけではなく事務所やお

店もつくることはできます。しかし、広さに制限があったり、条例により民泊ができないといった制限があります。ここでは「第1種中高層住居専用地域」となっています。ある程度の高さの住宅や病院、大学、500㎡までの一定のお店などが建てられる地域のことです。

「高度地区」（市街地の環境を維持するために、建築物の高さの最高限度または最低限度を定める地区）の記載がなければ特に制限はないということになります。

「防火地域」は指定なしです。防火地域や準防火地域だと建物を建てる際には必ず壁に防火剤を入れるなど制限があります。

「区域区分」は、市街化区域、市街化調整区域、未線引き、都市計画区域外というものがあります。再建築の見通しが立てやすい**市街化区域**を選びましょう。

「土地区画整理事業」（道路、公園、河川などの公共施設を整備・改善して土地の区画を整える事業）の記載がなければ、その予定はないということになります。

「計画道路」とは、生活利便性の向上や計画的な街づくりのために、都市計画法により将来的にその道路を拡張したり延長する計画が決定している道路のことです。しかし、道路ができるまでには行政が家や土地を一つひとつ買っていく必要があり、途方もない時間がかかります。数十年後に得するかもしれないくらいの要素なので、それほど気にする必要はありません。このマイソクでは計画道路も記載がありません。

「その他法令上の制限」とは、土地の利用に関する制限のことです。「都市計画法」「建築基準法」「国土利用計画法」「農地法」「土地区画整理法」など、建物を建てる際に影響する事項を示します。ここでは「屋外広告物第3種許可地域」となっています。看板や広告を出す位置や大きさに指定がありますが、大きな国道沿いの物件でもないかぎり、それほど気にする必要はありません。

他にも「宅地造成等規制区域」があります。宅地造成による崖崩れまたは土砂の流出による災害を防止するための規制がある区域で、改めて住宅を建てる際にはちょっとした申請が必要になるという意味です。同程度の物件（同じ延べ床面積や構造）を申請したうえで新築するには支障はないので、これもそこまで気にする必要はありません。
この他にも紹介しきれないほど多くの種類があるので、業者からもらった資料のなかでわからない項目がひとつでもあれば、きちんと調べてその都度意味を理解しておきましょう。

＜設備＞

⑨物件に付随しているさまざまな設備のことです。「水道」は公営か私営かで「公営」になっています。水道は上下水道が通っていればランニングコストは掛からないですが、浄化槽は個人で管理する必要があります。点検費用や清掃費用などのランニングコスト（月額数千円）と年一度の保守点検（数万円）が発生します。浄化槽でも購入対象になりますが、収支のバランスは計算が必要です。
「ガス」は都市ガスではなく「個別ＬＰＧ」＝プロパンガスとなっています。都市ガスのほうが入居者の負担は少ない傾向にありますが、古い物件だともともとプロパンガスが導入されている場合が多いです。オーナーとしてはどちらでもそれほど気にする必要はありません。以前はプロパンガスを導入すると、エアコンやガス給湯器、

キッチンなどを貸与してくれるガス会社もありました。ただ、2025年から始まる「LPガスへの費用上乗せ禁止」によって貸与ができなくなる可能性があります。

「汚水（雑排水）」は「下水道」が通っています。浄化槽や汲取を下水道に変えようとすると、1戸あたり数十万円掛かることもあるので、わたしは基本的には浄化槽であったとしても下水道に変更せずそのままにしています。

「駐車場」は有となっています。郊外だと車社会になるので、駐車スペースの有無で入居付けの難易度が変わってきます。原則1戸につき1台分は必要です。

駐車台数が1戸あたり2台分以上ある物件は貴重で、スペックによる差別化ができます。特にファミリーで住んでもらえたら入居期間が長くなります。

＜その他＞

⑩「引渡」とは、所有者が住んでいるのか、未完成なのか、更地なのか、空家なのか、賃貸中なのかといった現況と、引き渡しはすぐにできるのか、相談して決めるのか、期日が指定されているのかが記載されています。

＜備考＞

⑪現況家賃収入が３３１万８０００円／年あって満室の状態になっています。利回りは約８・96％と記載されていますが、この物件は指値交渉がうまくいって３２５０万円、利回り10・５％で購入しています。

「満室想定」と書かれている場合は、記載されている利回りの家賃がそのまま入ってくると読み間違えてしまいますが、満室の想定なので、現在の入居状況や家賃がどういう状態か、後述する「レントロール」を取り寄せて確認する必要があります。

「契約成立の際には別途諸経費を要します」という記載がある場合もあります。これは仲介手数料であったり、司法書士への登記費用など購入に掛かる経費を指しています。仲介手数料は、価格が２００万円以下の物件は「売却価格×５％」、２００万～４００万円の物件は「売却価格×４％＋２万円」、４００万円以上の物件は「売却価格×３％＋６万円」です。

司法書士への費用とは別に、不動産登録免許税、不動産取得税、火災・地震保険代も必ず掛かります。

物件資料がない場合

マイソクは不動産仲介業者が独自でつくるものです。作成に時間がかかるので、売主から売却依頼されたばかりの物件は、マイソクがない状態で紹介されることもあります。

反対に言えば、売り出すための資料をつくる前段階で紹介される掘り出し物の上流物件である可能性があります。不動産仲介業者は、まず自社のリストにある買ってくれそうな大家から声をかけていくからです。

ただ、それでも必ず自分の望む条件に合っているかの確認は必要です。売却に不利になる情報を隠したまま紹介される場合もあるからです。

マイソクがあってもなくても不足している情報があれば聞いておきましょう。確認

マイソクチェックリスト

【売買価格】
【所在（住居表示・地番）】
【土　地】　土地権利　敷地面積　接面道路
【建　物】　構造　築年数　建物面積　間取り
【制　限】　用途地域
【施　設】　汚水、雑排水（下水道or浄化槽）
【その他】　入居状況　現況家賃収入　駐車場台数

するべき項目を上図に示します。

レントロール

マイソクを見て投資妙味がありそうだと思ったら、**レントロール**を取り寄せましょう。レントロールには、各部屋の入居者がそれぞれいくら家賃を支払っているかが記載されています。

なぜレントロールを見るかというと、空室のある物件なのに、空室分の家賃を高くして満室想定として利回りを高く見せている場合が時々あるからです。たとえば、4部屋あって入居済みの3部屋は家賃3万円なのに、1室が空室でそこだけ5万円になっているといったケースです。

これは買主を騙す悪徳業者の手口なのですが、入居済み方の家賃は嘘をつけないので、レントロールを取り寄せて空室に他の部屋よりも高めの家賃設定がされていないかチェックしましょう。

満室だったとしてもレントロールは必要です。1つの部屋だけ昔から入居されていて他の部屋より家賃が高ければ、「今後退去された場合に家賃を下げて募集する必要があるな」、最近入居された部屋で低い家賃の部屋があれば、「最近はこの家賃まで下げないと空室が埋まらないのかな」と予測できます。

第8章

現地調査

現地調査とは何か？

マイソクとレントロールに問題がなければ、いよいよ現地調査です。仲介業者立ち会いの場合、信頼関係を構築する貴重な機会にもなります。満室であれば、多くは仲介業者の立ち会いなしでおこないます。

わたしはかなり絞った条件で物件紹介をして頂いていますが、マイソクとレントロールを見て、現地調査までしたいと思う物件は10件に1件ほどです。

そして、現地調査のあと買付申込まで至る物件は3件に1件程度です。いい物件は現地調査に行っているあいだに他の大家が買付申込を提出して先を越されることもあります。

現地調査で確認するべき項目は次のとおりです。

・仲介業者の資料どおりか（接道をチェックするために物件の前面道路まで車が通れるか確認したり、メジャーで測定）
・外壁のひび割れ（３㎜以上ないか）
・駐車場台数
・擁壁の有無（資料に載っていないことが多い）
・嫌悪施設が周囲にないか
・臭いや周辺の雰囲気は問題ないか
・物件の前に水路がないか（新築時に橋を架ける費用が発生する可能性あり）
・共用部の清掃の具合、放置自転車やゴミなどがないか

それでは具体的に一つひとつ説明していきます。

現地調査で見るべきポイント

・仲介業者の資料どおりか（接道をチェックするために物件の前面道路まで車が通れるか確認したり、メジャーで測定）

接道は出口戦略においてかなり重要です。マイソクや重要事項説明書でも道幅が間違っているという事例もあるため、メジャーを持参して道幅が何mあるか、物件の土地が何m接しているかを測定してください。

また、物件の前まで車が入れるかどうかは必ずチェックします。問題なく入れる場合、再建築は容易ですが、基礎をつくるためのコンクリート車など工事車両が入れないと、基礎工事や材料の運搬が手作業となり、建築費が割高になります。

・外壁のひび割れ(3mm以上ないか)

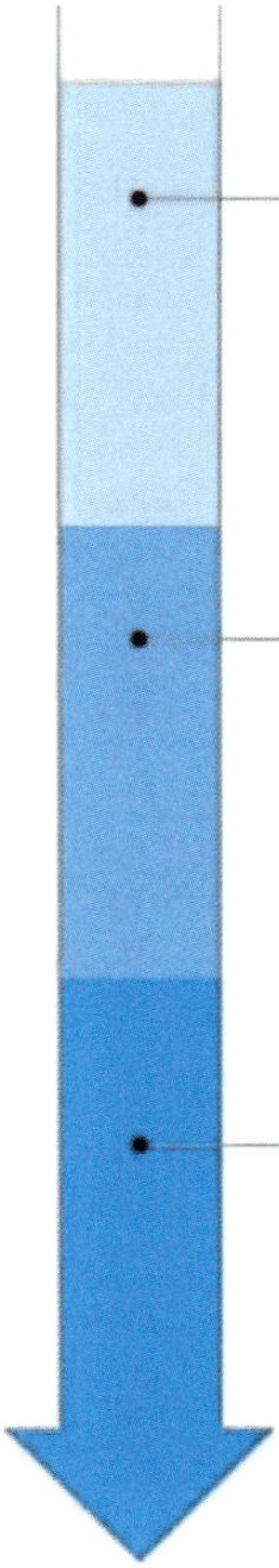

ヘアークラック(幅0.3mm以下)

このくらいはまだ大丈夫。
ただし、ひび割れの状態が進行していないか、
定期的にチェックすることをおすすめ。

幅1mm以上のひび割れ

補修が必要。
幅1mm以上やひび割れ部分に段差があれば、
建物構造に起因するひび割れである可能性も
あるので、外壁表面の修繕だけでなく、
下地や構造部分も調べたほうがいいかも!

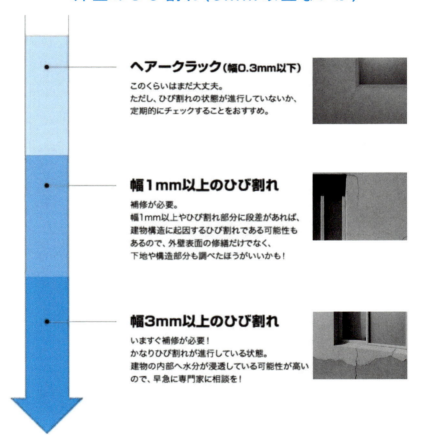

幅3mm以上のひび割れ

いますぐ補修が必要!
かなりひび割れが進行している状態。
建物の内部へ水分が浸透している可能性が高い
ので、早急に専門家に相談を!

https://protimes.jp/journal/gaihekitosou/solution-of-wall-cracks-1140

・**外壁のひび割れ（3㎜以上ないか）**

築古になると外壁にひび割れがある物件もあります。ただ、**3㎜以下**であればそれほど気にしなくても大丈夫です。

基礎のコンクリートに3㎜以上のひび割れがある場合は、基礎が壊れて物件が傾くリスクもゼロではありません。解体して更地で売却しても赤字にならない、あるいは利回りが相当高くないと投資妙味はありません。

・**駐車場台数**

マイソクに記載してあったり、仲介業者から聞いた駐車場の駐車台数は、きちんと自分で数えて確認しましょう。2戸の物件で、縦列駐車なら2台入るという場合は2戸分の駐車場があるとは言えません。

・**擁壁の有無（資料に載っていないことが多い）**

物件が**擁壁**の上に建っていて、その擁壁が単一の種類の擁壁でないときや擁壁のタイルのずれが生じている、ヒビが入っているなど、さまざまな理由で再建築の際に擁

単一の種類でない擁壁の例↑

家を再建築する際につくり直す必要がある古い擁壁の例

壁の補修やつくり直しが必要になります。解体後更地にして売る場合や新築をつくる際に予期しない出費（数百万～1000万円以上）が発生する可能性があるので1棟目としては購入を控えましょう。

・嫌悪施設が周囲にないか

物件の周囲に**嫌悪施設**（住宅地としての品格を下げるような施設）がないか確認する必要があります。具体的には、墓地、反社会的勢力の施設、ゴミ屋敷、騒音、大気汚染、土壌汚染、悪臭、地盤沈下などを引き起こす公害発生施設、不快感・嫌悪感を与える施設（原子力関連施設、廃棄物処理場、下水処理場、火葬場、軍事基地、刑務所、ガスタンク、火薬類貯蔵施設など）です。

その地域に土地勘がない場合、知り合いにその土地柄を聞いてみたり、現地で近隣住民に聞き込みをすることもあります。

・臭いや周辺の雰囲気は問題ないか

物件の周囲がボロボロの家ばかりで寂れていないか、臭いが大丈夫かなど、**現地に行かないと感じ取れない雰囲気**も大事です。周囲に新築の戸建てがいくつかあれば、

土地を分割して複数建物を建てる場合

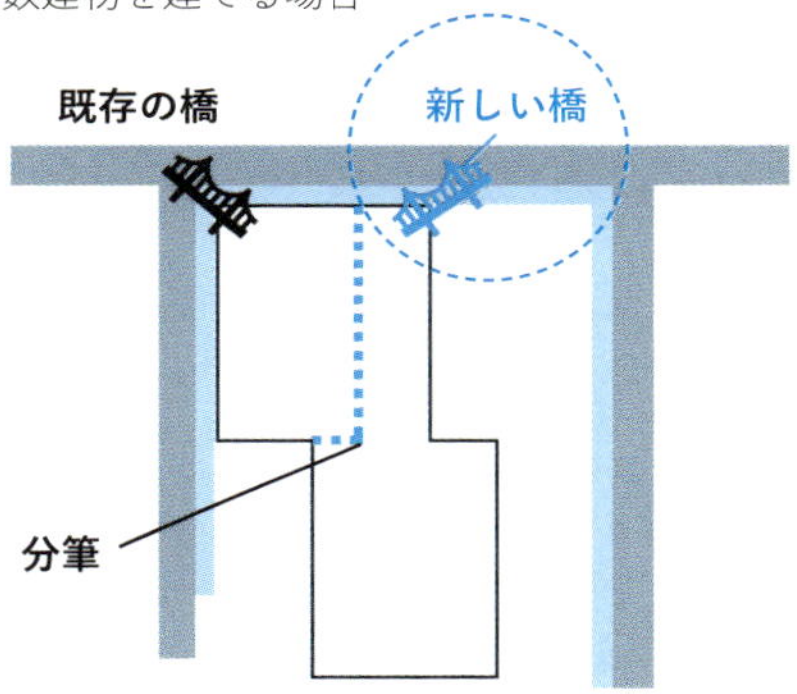

新しく橋をつくる必要があると数百万円の費用が掛かることも

「若いファミリーにも需要がある治安も悪くないエリアなのかな」と予測できます。周りが寂れていてなんとなく暗い雰囲気の場合、利回りが高ければ収益物件として投資家に売却すれば問題ないのですが、将来的に解体して土地として売却したり、新築をする際に少し売却価格や家賃が下がったりする可能性もあります。

・物件の前に水路がないか（新築時に橋を架ける費用が発生する可能性あり）

物件の前に**水路**があって、その土地に入る通路が1つしかない場合、その物件を解体して建物を複数建築したいときは新しく橋を架ける必要性が生じます。現行の建築基準法上では1つの土地に2つの建物を建てることはできないからです。よって1つの土地を分筆（登記上土地を分割すること）する必要が生じます。その分筆した土地それぞれに対して4m以上の幅員の道路が2m以上接している必要があります。

そうなると接道を確保するために水路に橋を架ける必要があるのです。橋は大きさにもよりますが数百万円掛かる可能性もあり、費用が読めないので100坪以上の土地など広い土地の前に水路がある物件はNGです。

・共用部の清掃の具合、放置自転車やゴミなどがないか

購入した後の管理の参考として共用部の清掃がきちんとなされているか、放置自転車やゴミがないかチェックしておく必要があります。共用部の清掃がきちんとされておらずゴミがあった場合、物件を購入後に管理会社に相談してきちんとゴミの清掃を徹底したり、定期清掃の回数を増やすといった対応が必要かもしれません。放置自転車は入居者にとっても邪魔なうえに空室が生じた場合、内覧時の印象が悪くなるので、管理会社に撤去依頼を出さなければなりません。

第9章

物件がポータルサイトに掲載されるまでの流れ

売買代金(税抜)	仲介手数料(税抜)
200万円以下の場合	5%以内の金額
200万円超え、400万円以下の場合	4%+2万円以内の金額
400万円を超える場合	3%+6万円以内の金額

この簡易計算方法は税抜金額になるので、消費税分を足す必要あり

不動産仲介業者の手数料

マイソクの読み方と現地調査で見るべきポイントを学んで、投資妙味がある物件のイメージができてきましたか？

次に物件がどのように売りに出されるのかを説明します。

不動産売却はまず、売主が不動産会社に売却相談をするところから始まります。相談を受けた不動産会社は、いわゆる売主側の仲介業者となります。売買が成立した場合、上図のとおり、売買代金が400万円を超える場合は仲介手数料は物件

価格の3%+6万円と定められています。

仲介業者はもともと知り合いで物件情報を求めている不動産投資家に連絡をして売買が成立した場合には、売主と買主それぞれから3%+6万円ずつの仲介手数料をもらえます。

1社がこの双方から手数料をもらえることを両手仲介というのですが、この両手仲介をするために、仲介業者は物件情報を仕入れたら、その情報をすぐにポータルサイトには掲載せず、自社が持っているリストの大家へ優先して提供するのです。

不動産ポータルサイトに物件が掲載される流れ

仲介業者は、自社リストで買い手が見つからなかったり、指値交渉が不調に終わった場合、自社のリスト以外で買主を探すべくレインズに物件を掲載します。

不動産ポータルサイト

・楽待
・LIFULL HOME'S 不動産投資
・健美家
・都道府県限定のポータルサイト
ex.ハトらぶ（兵庫）、ふれんず（福岡）

レインズを見た別の仲介業者は、買い手を探すために一般のポータルサイト（「楽待」「LIFULL HOME'S不動産投資」「健美家」など）にも情報を掲載します。

また、都道府県別でポータルサイトがある地域もあります。兵庫なら「ハトらぶ」、福岡なら「ふれんず」という地域密着型のポータルサイトがあります。

売主側の仲介業者とは別の仲介業者が買い手を見つけた場合、買主側の仲介業者は仲介手数料として買主からのみ物件価格の3％＋6万円を受け取ります（片手仲介）。売主側の仲介業者は売主からのみ物件価格の3％＋6万円を受け取ります。売主側の

物件がポータルサイトに掲載されるまで

売主→不動産会社（仲介業者）に相談
不動産会社→仲介手数料を両手（3%＋3%）で受け取るため、
一般には非公開の状態で直接繋がりのある大家に物件情報を流す
→交渉不可or誰も買わず
→仕方なくレインズ（不動産業者しか見られない物件ポータルサイト）に掲載
→レインズを見た別の仲介業者が一般のポータルサイトに掲載

仲介業者は両手仲介をしたいので、ポータルサイトに載せる前に仲介業者から声を掛けられる大家になることがかなり大事です。

先に述べたとおり、ポータルサイトに掲載されているのは売れ残りの物件で、投資妙味はないことが多いです。仲介業者から物件を紹介されたプロ大家が吟味して、価格交渉したうえで買われなかった価格でポータルサイトに載っているからです。

裏を返すと、もしポータルサイトに掲載されている物件を気に入ったら、物件の価格交渉（指値）が前提となります。

また、一日中ポータルサイトに張り付いている専業大家もいます。よい物件が売れるスピードはますます早くなっていて、掲載から数時間以内に現地調査がおこなわれて売れてしまうこともあります。

医師がこの競争に加わるのは難しいので、ポータルサイトで投資妙味のある物件を探すのは厳しいと割り切って、相場観を知る場や物件情報を見ながら見極める眼を養う練習の場として捉えるのがいいでしょう。

練習だとしても、「どうしてこんなにいいものが売れ残っているんだろう？」と思う物件が見つかるかもしれません。その場合、これまで述べてきた物件条件のどれかがネックになっている可能性があります。

仲介業者はあえて売れにくくなる情報を空欄にしていることも多いです。たとえば、接道や入居状況といった項目です。「この価格なら悪くなさそうなのに、なぜ売れていないのか？」を考えることも練習になります。

上流物件を仕入れるための極意

ポータルサイトに掲載する前の物件を紹介してもらうためには仲介業者と直接繋がりをもつ必要があります。そのために不動産業者へ**直接営業回り**をして顧客リストに入るのです。

先に述べたように仲介手数料は3％＋6万円です。もし5000万円の物件を仲介したら片手仲介で156万円です。これが両手仲介なら312万円になります。

ですから、仲介業者は可能なかぎり両手仲介をめざします。物件情報を手に入れたら、できるかぎり繋がりのある大家へ情報を流すので、仲介業者とのコネクションは必須です。どんなに物件を見る眼が養われても、物件を仕入れられなければ意味がありません。**この仲介業者への営業回りが不動産賃貸業を成功させるための要です。**

そして、医師の大家がこの営業活動をおこなうことはかなり効果的です。医師の属性から融資を引けると思ってもらえますし、わざわざ直接訪問してまで物件紹介を依頼してくる人自体が珍しいからです。仲介業者を数件訪問する大家はいますが、数多くの、しかも後述する物件情報が回ってきそうな仲介業者に絞って営業回りをしている医師はほとんどいません。体感としては不動産に興味がある医師のなかで１００人に１人いるかいないかくらいだと思います。

営業回りをした際の反応はまちまちですが、「こうやって泥臭く不動産会社を巡っているのは偉い！」と評価してくれる方も少なくありませんでした。

また、直接コミュニケーションをとることで人柄を知ってもらったり、雑談のなかで仲良くなったり気に入ってもらえたりするので、信頼関係を築けます。「物腰がやわらかくて、不動産を頑張ろうとしているんだな。応援しようかな」と思ってもらえるかどうかがポイントです。

基本的に初見では仲介業者も「この人は本当に買うつもりがあるかな？」と半信半

疑です。一度でも紹介物件を購入すると、一気に距離が縮まります。紹介物件を見送る際も、「ここまで考えましたが、こういう理由で今回は見送ります」と丁寧に回答すれば、より条件のいい物件を紹介されたりします。無視したり、ダメ出しをしてしまうと、二度と物件を紹介されることはありません。

わたしは合理主義で、先を見据えながらいかに自分の持っている特徴や強みを活かし、効率よくゴールに近づけるかを常に考えるタイプです。試行錯誤の末に、一見遠回りに思える仲介業者の地道な営業回りこそ、上流物件にたどり着く最短の道であると理解しました。数日の営業回りが、数千万円の利益を出す物件の獲得に繋がるのであれば、試してみる価値はあると思いませんか？

正直、不動産関係の人たちには怖いイメージもあると思います。ただ、実際はそんなことはありません。

まずは自宅から近い不動産業者のリストアップです。このとき名前が知られているような大手のフランチャイズ店は除外します。こぢんまりと経営されていて「田中不動産」「有限会社ハラダ」のように個人の名前がついている、社長と事務員さんだけのような地場の不動産会社をお勧めします。

そういった仲介業者は人情味溢れる社長も多く、顧客数を絞って密なお付き合いをしてくれます。さらに医者で営業回りをしている大家は稀なので印象に残りやすく、物件情報が入ったときに思い出してもらいやすいです。

大手は顧客数も多いので、その土地の大富豪や大地主から優先的に物件情報が流されます。また、その業者自体が資金力もあるので、本当にうまみがある物件は自社で購入するか、その会社の役員が購入してしまいます。末端の担当者にいい物件情報はなかなか入りません。

忌憚なく言えば、ちょっと入りにくい見た目の店構えで、相談するのも躊躇《ちゅうちょ》するようなところへあえて話をしに行きます。社長と直接お話しして、謙虚に誠実に自分が求める物件を説明してください。社長とうまく関係を構築できると物件情報を優先して紹介してもらえます。地場の仲介業者を優先して回ってください。

調べ方は単純で、グーグルマップを使ってお住まいの地域で「不動産仲介業者」と検索してください。まずは大手のフランチャイズ店が出てくると思います。地図を拡大して再検索すると地場の仲介業者が出てきます。

大手や中堅の仲介業者はクリックすると、グーグルマップ上に外観や内観の写真がたくさん載っています。それを見ると規模（スタッフ数）の程度がわかるでしょう。地場の仲介業者は写真も外観だけだったり、写真自体がないところもあります。駅前ではなく、少し離れたところに位置していることが多いです。

地場の仲介業者をリストアップしたら、次に、アポイントを取ります。わたしは訪問当日に電話をしていました。

「はじめまして、ＩＮＡＳＥと申します。じつは今、○○市で収益物件として築古アパートや戸建てを探しております。大変急なお願いではあるのですが、本日伺って購入条件などのお話をさせて頂くことは可能でしょうか？」と提案します。

すると「うちは取り扱ってないんだよ」とか「今日は忙しいからまた後日お願いします」などの返答があります。もし当日にアポイントが取れたら「それでは○時ごろだとご都合いかがでしょうか？」とお伝えして訪問します。

地場の仲介業者にアポイントを取るときのトーク

「はじめまして、INASEと申します。じつは今、○○市で収益物件として築古アパートや戸建てを探しております。大変急なお願いではあるのですが、本日伺って購入条件などのお話をさせて頂くことは可能でしょうか？」

営業回り用に名刺を用意しておきます。医師という職業は印象的なので、可能であれば自分の所属する病院名を入れておきましょう。そして、自分の名前、住所、連絡先（携帯の電話番号とメールアドレス）記載しておきます。物件が出てきたときに思い出してもらえるよう、名刺に顔写真を載せている先生もいらっしゃいます。

次に希望する物件の条件をまとめた「物件購入依頼書」を作成します（183ページ）。不動産会社には多くの人が出入りしています。名刺を持参してご挨拶するだけでは、具体的な物件条件は忘れられてしまうので必ず用意しておいてください。

テンプレートは、こちらの二次元コードを読み取り、ＬＩＮＥ登録をして頂くとダウンロードできます。ぜひご活用ください。

物件購入依頼書にも自分の氏名、住所、職業、電話番号、メールアドレスといった情報を書きます。希望エリアは狭めすぎないほうが紹介されやすくなります。いきなり欲しい物件情報が訪問した日にあることはほぼないので、ご挨拶のあとは物件情報のやりとりをすることが大切です。そこでしっかりと買う意欲があると印象付けることができれば、その後も紹介が回ってきやすくなります。

物件購入依頼書に記載する物件情報はこれまで述べてきた条件を記載します。

購入方法は「融資、もしくは現金購入など適宜対応可」と書いておきましょう。たとえば、「融資の申請」と「承認可否の結果」に2〜3ヵ月くらいかかることもあります。その時間は他の買い手にアプローチできないので、融資が通らなかった場合、売主にとって大きなロスになります。よって、現金や融資特約無しで買付申込をすれば二番手でも優先してくれる可能性が上がります。融資のみというスタンスではなく柔軟に対応できる姿勢を見せましょう。

年収はきちんとありのままをお伝えして、所有資産もできるだけ詳しく書いてください。株や投資信託以外に仮想通貨も持っていれば載せます。「これだけ資金力があれば、物件を買える見込みのある客だろう」と不動産業者や売主に思ってもらえる材料を充実させるのです。

自宅を含めた所有物件があれば全部書いてください。所有する収益物件があれば、「この人は不動産の経験がある人なんだ。物件を買ったあとに面倒くさいことを言われないだろう」「仮にトラブルが生じたとしてもうまく対処してくれるだろう」と思ってもらえれば、紹介されやすくなります。

挨拶するときには、ちょっとした医療あるあるや持ちネタを話すと打ち解けることができて、相手の記憶に留めてもらいやすくなります。あるいは「健康で困ったらご相談ください」という不動産以外でも繋がりをもてるような話をするのもいいでしょう。

物件購入依頼書

氏名：
住所：
職業：
TEL：
e-mail：

この度は御世話になります。私は、賃貸を目的とした**築古一棟マンション（アパート）**、**築古戸建物件**を探しております。希望する物件は下記のごとくです。該当する物件が出てくればご連絡いただければ幸いです。お手数ですが、何卒宜しくお願い申し上げます。

記

立地条件
　　希望エリア
　　　　○○市（区は拘らず）

物件情報
　　築年数：　こだわりなし
　　価格：　3000万円以下
　　利回り：　10%以上
　　構造：　軽量鉄骨または木造
　　間取り：　2K以上　可能であれば駐車場あり
　　土地権利：　所有権
　　都市計画：　市街化区域
　　接道：　公道もしくは私道持ち分あり（再建築可）

購入方法等
　　購入方法：　現金購入融資など適宜対応可予定
　　年収：○○○○万円
　　所有資産：　現金　○○○○円、株○○○○円、投資信託○○○○円
　　所有物件：　自宅、投資用マンション　○棟、投資用戸建　○軒

営業回りをすると、その日に物件情報をもらえることもありますが、おそらく他の大家が検討し終わった物件なので投資妙味はあまりないかもしれません。

しかし、仲介業者も「どういう反応をするだろう」と試している可能性があります。NGの場合でも「こういう理由で見送りたい」と丁寧な対応を心掛けてください。

当日でも後日でも、挨拶をしたあとに「もうすぐ売りに出そうな物件があるんだけど、よかったら売主さんの気持ちが固まったらちょっとお伝えしましょうか」というような見込みの話がくるのが理想的なパターンです。最上流の物件情報の可能性が高いからです。

買ってやるという上からのスタンスではなくて、買わせて頂くという姿勢が大切です。目先の利益を求めて、事務的にやりとりするのではなく、相手の立場に立って、どうしたら喜んでもらえるか、相手の大切にしているものは何かを考えられると継続的な関係が築けます。

たとえば、わたしは家族のことも雑談として話したり、良い物件を紹介してくれたら、その方のご家族が喜ぶようなプレゼントを贈ったり、お土産を持参したり、指値交渉を頑張って頂けたときは不動産の仲介手数料とは別で、御礼やプレゼントをお渡しすることもあります。

話す時間は1件あたり10～30分が目安です。訪問する仲介業者の数は10件だと足りず、**20～30件**開拓できると徐々に上流の物件情報が集まってくるようになります。

この話をした不動産に興味がある先生は、週末の土日を充てて10件ほどは頑張って回るのですが、そこで止まってしまう人も多いです。これではまだ数が少ないので物件情報は紹介されにくいです。ここが頑張り時だと踏ん張って、20件は訪問してみましょう。

実際に仲介業者を巡るのは気の重い活動だと思います。しかし、営業回りなくして不動産で成功することは難しいです。大家の勉強会に参加して投資妙味がある事例はわかっても、上流物件の情報をどう仕入れるかについてはライバルも増えるので誰も具体的に教えてくれませんでした。そこで自分なりに考えた成功の再現性の高い方法が医師という立場が活きる営業回りでした。一度関係性ができてしまえば、その後は

営業回りの会話例（訪問時）

ＩＮＡＳＥ「こんにちは。すいません、急にお電話差し上げたにもかかわらずお時間つくって頂きありがとうございます。よろしくお願いいたします」

仲介業者「こちらこそ、よろしくお願いします」

ＩＮＡＳＥ「○○病院で整形外科医として働いているのですが、（名刺を渡す）収益物件として一棟アパートや築古戸建てを探しています。条件としてはこのような感じです（物件購入依頼書を渡す）。結構な築古でも全然気にしないので、もし該当する物件があればご紹介頂きたいです」

仲介業者「この条件に合う物件は今はちょっとないかもしれないなぁ……」

ＩＮＡＳＥ「今日いい物件があるとは思っていないです！笑　もし後日でも、該当する物件があれば気軽にご連絡頂けたらうれしいです」

仲介業者「わかりました。この電話番号やメールアドレスに連絡してもいいですか？」

ＩＮＡＳＥ「はい、ぜひ今後ともよろしくお願いいたします」

新規に仲介業者を探さなくても物件情報は入ってくるようになります。

信頼関係の構築は、不動産取引に関わる全員に大切です。

情報交換できる大家、内装業者、管理会社、司法書士、税理士など、多くの人たちの協力なくして不動産賃貸業は成り立ちません。最初は何も知らない初心者なので、ひたすら謙虚に関わる方全員から学ばせて頂くという態度で接してください。

成功している大家はすでに十分な家賃収入や資産を保有している場合も多く、お金で動くというよりも信頼関係を何より重視します。謙虚に学ぶ姿勢をもち、気の置けない関係になれば、安い内装業者を紹介してくれたり、時には資産整理のために物件を安く売ってくれることもあります。応援してあげたい、協力してあげたいと思われるような関係を構築しましょう。

第10章

物件購入までの流れ

現地調査

不動産業者巡りを通じて紹介された上流物件のマイソクを見て、投資妙味がありそうであれば現地調査をおこなって、そこで購入意志があれば指値交渉をします。

指値交渉（現地調査後当日もしくは翌日、なるべく早く）

価格が少し下がれば利回り10%を超えるような物件の場合、売主がどんな状況かを仲介業者に聞いてみて、指値交渉を入れてもらいます。わたしも提示された価格が十分に安くてスピード勝負で買いたいとき以外はほぼ指値交渉をおこない、それが通った物件を買っています。

買付申込書提出（現地調査後当日もしくは翌日、なるべく早く）

価格の折り合いがついたら当日もしくは翌日（なるべく早く）買付申込書を提出します。このときに注意すべきは、銀行の融資を利用する場合は必ず**融資特約あり**にすることです。

融資特約とは、希望する価格で銀行からの融資が承認されたら購入するが、希望する価格で承認されなければ契約を解除できる特約のことです。この条項がないと融資が通らなかったときに違約金を支払う必要があります。金額と金融機関名しか記載されていない場合もあるので、しっかりと「金融機関から希望する価格、利率で融資が通った場合」と記載する必要があります。この一文がないと、金利が予想以上に高かったり、融資が一部しか下りず資金が足りないので購入できないとなった場合、手付金（物件価格の5～10％）を放棄することになります。

融資依頼

買付申込書を提出して、売主から承諾をもらったらすぐに銀行へ融資依頼に行きます。複数行同時に当たることも許されますが、その際は銀行の融資担当者に「この物件を本当に買いたい気持ちが強いので、大変申し訳ないのですが、他の銀行も当たらせてもらっています」と伝えることが大切です。断りを入れないと融資が通ったあと融資担当者の反感を買って事実上の出禁になります。

信用組合や信用金庫よりも地方銀行のほうが金利が低く、医師の属性を高く評価してくれやすいので付き合いがあれば優先して当たるのもよいでしょう。

すでに関係を構築している方に紹介してもらえると話が早くなりますが、白地から自分で探しても全然問題はありません。原則は地銀よりは信用金庫、信用組合などのほうが融資は下りやすいです。それでも難しい場合には日本政策金融公庫に融資依頼をします。

金融機関は定量評価（物件の構造、築年数、立地、利回り、購入希望者の資産状況、属性、年収など）と定性評価（人柄、不動産のことを知っているか、事業として真摯に取り組もうとしているか、気遣い、コミュニケーション能力）で融資を判断します。融資が承認されるかは担当者のモチベーションもかなり影響するので定性評価も大切です。信頼を勝ち得るよう丁寧に対応しましょう。融資がその銀行で厳しい場合はすぐに他の銀行に当たる必要があるため、融資が下りそうにない場合はできるだけ早く教えてもらえるように伝えておきましょう。

銀行に提出する資料は次ページのとおりです。収支計算書について、わたしは『Excelでできる不動産投資「収益計算」のすべて』（玉川陽介著、技術評論社、2017年）の読者特典としてダウンロードできる「玉川式不動産収益資産エクセルシート」を活用させて頂いています。数字を入れるだけで簡単に収益の自動計算をしてくれます。自分でつくるのは大変なので、書籍を買って入手されることをお勧めします。

◎初回融資に必要な書類

・物件概要書（マイソク）
・収支計算書（玉川式不動産収益資産エクセルシート）

不動産仲介業者に用意してもらう
・登記事項証明書（土地、建物）
・公図、固定資産税評価証明書
・レントロール

所得がわかるもの
・源泉徴収票または確定申告書
・給与所得証明書

既存の法人があれば
・試算表または確定申告書（税理士に作成してもらう）

融資審査が完了（融資依頼から1～3ヵ月程度）

融資の審査が完了し、希望する金額で承認されたらその旨を仲介業者に連絡して、決済の日を決めます。

法人設立（所要日数1ヵ月前後）

融資が決まったら法人設立に向けて動きましょう。クラウドワークスなどで会社設立を司法書士に依頼することもできます。その場合、10万～20万円程度の報酬が発生するので、マネーフォワードやfreeeなどオンラインで法人設立できるサービスを活用するのもひとつの手です。この場合も用意すべき資料や手続きの流れは教えてもらえますが、法務局へ行くなど資料の提出は自身でおこなわなければなりません。

株式会社か合同会社かは好みの問題でどちらでも問題ありません。定款に「不動産賃貸業」と入れておくことは必須です。

売買契約（融資決定から1～2週間後）

買付申込書を提出後、融資が決定したら仲介業者が売買契約書と重要事項説明書を1～2週間のうちに作成して、売買契約日にその読み合わせをします。売買契約時点で法人を設立していなくても、まずは個人で契約して売買契約書と重要事項説明書の名義をあとから法人に変更することもできます。その場合は仲介業者に、名義を変更する旨を必ず伝えておきます。

売買契約時に手付金を支払う

手付金は物件価格の5～10％であることが多いです。フルローンで融資を組んでいる場合でも手付金は融資が下りる前に支払う必要があります。融資特約ありの場合、融資の承認が下りなければ手付金は戻ってきます。いつまで契約を解除できるのか、期日がとても大事なので「期限は売買契約から2ヵ月後」など余裕をもって設定しておきましょう。

もし融資が承認されず契約を解除したい場合は期日までに必ず「内容証明郵便」を使って仲介業者と売主両方に契約解除の申し出をおこなってください。仲介業者への電話連絡やメールでは「言った、言わない」「見た、見ていない」というトラブルを生み出しかねません。もし売主への通達が解約期限から1日でも遅れてしまったら、契約の解除は認められなくなります。

火災保険の申し込み（決済日が確定しだい、可及的速やかに）

決済の日付が決まったらできるだけ早く火災保険を申し込むために動きます。決済日以降は物件の所有権がこちら側に移るので、決済日から保険を掛けておかないと決済日当日に火災や地震が生じて建物に損害が生じてしまった場合、補填するものがなく心配です。

近くの保険代理店、もしくは不動産業者に紹介してもらって火災・地震保険の申し込みをします。地震保険は火災保険の半分の保険金となります。たとえば、火災で全焼のとき２０００万円まで出る保険に加入した場合、地震で倒壊した場合は１０００万円まで保険金が出ることになっています。

わたしは築20年以上の築古物件の場合、保険金は１戸あたり５００万～１０００万円程度（４戸のアパートであれば２０００万～４０００万円程度）としていて、築年数に応じて担当者の話を聞きながら保険金を設定します。

汚損・破損特約が大事で、入居者が誤って壁を壊してしまった、床をひどく汚してしまった、車がぶつかって建物が破損したというときなどに保険金で修繕費用をまかなうことができます。利用頻度が高い特約なので、どのような場合に保険金が出るか保険代理店の担当者にしっかりと聞いておきましょう。

司法書士へ連絡（決済日が確定しだい、可及的速やかに）

物件の決済日には所有権を売主から買主に移すための所有権移転登記をおこなう必要があり、その業務は司法書士に依頼します。決済の日付が確定したら、所有権移転登記のお願いと、融資で抵当権もしくは根抵当権を設定する場合はそのお願いをします。司法書士も仲介業者から紹介してもらうことができます。

決済（融資の審査完了後2～3週間後）

最近では売主は現地に来ず、入金が完了したら口座の確認をしてもらうのみの場合（振込決済）も多いですが、通例では売主、買主、仲介業者、司法書士が銀行の会議室に集まって売買代金の残金の支払い、固定資産税の清算、敷金の清算、賃料の清算などをおこないます。

金銭の受け渡しが完了したら、司法書士が法務局で物件の登記をおこないます。司法書士も立ち会いが必須というわけではなく、電話で「決済が完了したので所有権移転登記をお願いします」と伝えて法務局に申請してもらう場合もあります。

第11章

物件を見る眼を養う

２３００万円のアパートと戸建て

築23年

土地 117 坪
表面利回り 11.3%

「どういう物件がいいのかはなんとなくわかったけど、具体的にイメージできない」という先生もいるでしょう。最後に実際に紹介された物件情報からどう買付判断をしていくのか、わたしの所有物件を例にしながら説明していきます。実例を参考に不動産投資家としての眼を養ってください。

まずは某地方の主要駅から車で15分程度の都市にある１１７坪の土地付きアパートです。築23年で間取りは２ＬＤＫの４戸と３ＬＤＫの１戸の計5戸です。いずれも間取りは広いタイプ。ファミリーで入居して頂いています。元々２７００万円で売りに出されていましたが、４００万円下がる可能性があると聞いて、スピード勝負で買付を入れました。

家賃は21万7000円／月で表面利回りは11・3％です。融資は10年で引いていて金利は1・4％。返済は約12万4000円／月です。家賃から返済を引くと、キャッシュフローは9万3000円／月ほどプラスで年間112万円になります。自己資金を3割入れていますが、利回りが高くキャッシュフローが多いので投資資金をどんどん回収しています。

5年前に購入したので返済期間はあと5年です。ローンを完済したらその後は家賃がそのまま入ってくるので毎月21万7000円、年間260万円稼いでくれる収益物件になります。

土地代データを見ると、ここの土地は上がり調子ですが、少し離れると下がり傾向のある場所も見受けられます。ちょうどその境目あたりに位置していて、坪単価は28万円ほどです（2024年8月末時点）。昨今の状況を見ると、5年後でも利回り10％（2600万円）程度で売れると見込んでいます。その場合の仲介手数料、対応済みの修繕費（外壁塗装170万円、水漏れ20万円）、減価償却費、法人税、自己資金など諸々を差し引いての総利益は1300万円ほどになると見立てています。

この物件は水漏れがあったときに、見積もりが40万円で出てきましたが、入居者にお願いして外側の壁ではなく部屋の内側から穴を開けて修繕するように交渉をしたことで20万円に抑えることができました。

またウェブで探したリフォーム業者5社の相見積もりが250万~350万円だったのに困っていたところ、大家仲間から外壁塗装の安い業者さんを紹介してもらって170万円に抑えることができました。

この物件のようにある程度利回りが高い物件を仕入れて運営していると自己資金を3割入れても6~7年で手元に戻ってくるので、それを他の物件に再投資できます。利回りが高く安定した物件を所有できれば、700万円ほどの投資で1300万円の利益が見込めるのが不動産投資です。

1700万円のアパート

築35年
土地61.6坪
表面利回り12.4%

満室のオーナーチェンジで回ってきた物件です。某地方主要都市から車で10分ほどのところにあるアパートです。築35年なので外観も古びてきており、お世辞にも見た目がいい物件とは言えませんが、土地の価格が高騰していたので購入しました。2DKの部屋が4戸あり、駐車場は3台分あります。購入金額は1700万円で、家賃は17万6000円／月なので表面利回りは12・4％です。

5年前に購入して、一度も空室がなく、時々管理会社から「外灯が切れたので交換をしますか」という連絡がある程度です。それも2～3年に1回程度なので管理会社に対応して頂いており、本当に手間のかからない物件です。

融資が７割弱で、残り３割強の自己資金を入れる必要がありましたが、家賃からローン返済９万円を相殺すると月の手残りは８万６０００円になります。年間約１００万のキャッシュフローが出ています。こちらも融資の返済期間は10年なので、５年後にローン完済したら家賃がまるまる手元に残ります。

この物件のいちばんの魅力は、かなりの人気エリアに立地していることです。購入した２０１９年の時点で２５００万円程度の価値がある土地だったのですが、２０２４年の相場では坪単価80万円以上の価値が見込めるので、61・6坪だと約４９２８万円で売却できる可能性があります。諸費用、税金を差し引いても実質利益は３０００万円程度と見込んでいます。土地価格が上がり調子のエリアであれば、土地代だけでも大きな利益を狙えます。

１２００万円の長屋群

築45年

土地150坪
表面利回り16%

空室の多かった物件をリフォームして満室に仕上げた例です。地方の某主要駅から車で20分ほどの場所で土地が150坪ある3K×6戸の長屋群を購入しました。

購入金額は1200万円で、家賃は18万円／月です。空室に対して実施したリフォーム費用込みの表面利回りは16％です。

3戸が空室だったのでそれぞれ30万円、30万円、90万円（計150万円）のリフォーム費用を掛けて、半年で満室になりました。長屋はアパートとは違って室内に階段があったりして戸建て感があり、長屋好きな人は一定数いるのでうまく差別化できました。外観は古いですが内装は綺麗にしています。満室になってからは3年間、一度も空室は生じていません。

融資は自己資金が2割弱必要で、家賃からローン返済を差し引くと月々のキャッシュフローは8万7000円（約100万円／年）出ています。6年後に完済すると216万円が家賃収入として毎年入るようになります。

土地の価値は、現在の坪単価10万円×１５０坪で１５００万円程度になります。物件自体は古いですが、購入してから10年後に解体して更地として売却した場合の実質利益は約１４００万円です。

21万円の戸建て

築43年

土地81坪
表面利回り40%

人口約３万人の市内にある戸建てです。築43年の戸建ての裏側に築年数不詳の物置小屋がありました。土地と建物を合わせて21万円と破格の値段で購入しました。

当初の価格は２００万円でした。ただ、残置物が多く、撤去費用にかなりの費用が掛かることがわかりました。自分で業者を探して残置物処理を依頼すると交渉して値段を下げて頂いた結果、安く購入できたのです。

残置物処理は6社に見積もりを取って、高いところは110万円、最安値は50万円だったので50万円で提示してくれた業者にお願いしました。内装のリフォーム費用は90万円で、購入金額、残置物処理費用と合わせて合計161万円です。

物件は内覧された方が玄関に入ったときの第一印象がかなり大事です。玄関の床には自分でニスを塗って少しでも高級感を出せるようにしました。

また、玄関から入って1室目が和室なので丸いライトを置いて少しモダンな雰囲気が出る工夫をしました。襖はシックなアクセント襖として他の物件にはなかなかないものを設置しました。畳は表替えといって、床板が傷んでいなければ表面だけを新しくします。新調する畳と表替えする畳を組み合わせて費用を抑えました。床が抜けてしまっている部屋があったのですが、床を復元するとお金が掛かるので壁をつくって、最初からその部屋には入れないものとしました。

リフォーム完了後、1人目の内覧ですぐに気に入って頂けました。即入居が決まってからずっと空室は発生していません。入居者の方が元々大工をされていて、物件を少しずつ自分好みに直しながら生活されているようなので修繕の要望もありません。

家賃収入は5万3000円／月で、修繕費込みの表面利回りが40％です。結構な田舎にある物件ですが、7年後でも利回り20％程度で売却できそうです。81坪ありますが、土地価格は下がりつつあるエリアなので、更地にしたり新築を建てるより、収益物件として投資家に売る出口を考えています。

7年後に利回り20％で売却できたとすると、入ってきた家賃と売却益を足して、諸費用を差し引いても660万円ほどの利益が見込めます。これも本当に手がかかっていない物件です。

before

残置物が多く、リフォームも必要

after

玄関と入って1室目にこだわってリフォーム
内覧1人目で即入居が決まった

730万円の戸建て2戸

築56年
土地38坪
表面利回り12%

わたしが所有している物件でもいちばん古いものになります。某地方主要都市の近郊にある築56年の平屋2戸で土地は38坪です。間取りは2DKで、現在は2戸とも生活保護を受けている方が入居されています。

購入金額は730万円で、自己資金3割を投入しています。家賃は7万6000円/月で表面利回りは12%です。ここは地価がどんどん上がっているので、建物を解体して更地として売却すれば坪単価30万円×38坪=1140万円での売却が見込めます。立地が良いので先々、坪単価は40万円以上にまで上がると見ています。

築年数を考えると利回り12％はそれほど魅力的ではないかもしれません。10年後にローンがなくなるとしても築66年になってしまいます。古い物件なので建物が使いものにならなくなったり、2戸とも空室になったら解体して更地として売るか、住宅の需要も高いエリアなので新築することも検討しています。好立地だとたくさんの出口戦略が取れるのは大きなメリットです。

この物件は購入して半年後にご高齢の方が施設へ入られるということで退去されました。写真を見てわかるとおり、かなりボロボロの状態です。畳は表替えと新調を組み合わせ、一部の床はフローリングにしました。

壁は土壁の部分が見栄えがしなかったので石膏ボードを貼ってその上にクロスを貼っています。

キッチンも新調しました。ダークブラウンは高級感があるのでベーシックなものより1万～2万円高くなりますが、こだわって色指定をしました。管理会社に任せて安価なものを指定すると白の安っぽい印象のキッチンになってしまうこともあるので、差別化にこだわるなら注意が必要です。洗濯機置き場が室外にあったので、ガス会社に依頼して室内に移動してもらいました。

before

古くて傷んだ畳、全体的に老朽化が目立つ

after

畳は表替えと新調をし、一部フローリングの床に。土壁には石膏ボードを貼った

after
入浴が苦にならない程度までリフォーム

before
浴槽は汚れ、タイルも割れている

風呂場のタイルが割れていたので新しくして、浴槽は自分で磨いてみました。大家仲間に聞いて、洗剤も強力なものを使用しましたがなかなか汚れが取れず、結局清掃業者にお願いして最終的に入るのにはつらくない程度まではなんとか綺麗にしています。

夏場、汗だくになりながら風呂磨きをするのは大変で、正直自分でやるものではないなと思いました。

外壁塗装も自分で試してみましたが、養生が不十分で意図していない場所に塗料が飛び散ってしまいました。DIYが得意な大家仲間が見かねて手伝ってくれなければ自分では修復不可能でした。

2470万円のアパート

築25年
土地100坪
表面利回り11.5%

人口14万人の某地方都市にある築25年のアパートで、わたしの所有物件のなかでは比較的新しい物件でシックな外観も気に入っています。2LDKが4戸あり、購入金額は2470万円でした。融資は2000万円、期間15年で下りました。

家賃収入は月に約24万円あり、表面利回りは築20年台にしては高く11・5%です。

土地としては坪単価20万円×100坪=2000万円程度ですが、10年後に利回り10%でも十分に売れると見込んでいます。売却したときの想定利益は、家賃と売却益を合わせて2500万円を超える見込みです。

建物はあと20～30年はもちそうなので、融資完済後も持ち続けて、年間約290万円のキャッシュフローを得続けるか、手元資金を回復させたいタイミングで収益物件として売却するのも手だと考えています。

3480万円のアパート

築35年

土地120坪
表面利回り10.5%

某地方主要都市近郊にある120坪という広い土地をもつアパートです。築35年なので外観もそこそこ古びています。間取りは2DK×8戸で家賃は月に約30万円あります。購入金額が3480万円なので、築年数を考えると表面利回り10・5%はあまりいい条件ではありませんが、土地の希少性や土地価格を加味して購入に踏み切りました。融資は2300万円で、残りの1180万円は自己資金を充てました。

この地区はファミリー層に人気なので、10年間運営してローン完済したあとは解体して家族向けのアパートか戸建てを新築することを検討しています。

土地代は坪単価25万円×120坪＝3000万円です。3480万から土地代3000万円を引いて建物の価格が480万円として、築35年2DK×8戸の建物をその価格で手に入れることができたとするといい投資でした。

また、需要が底固く土地代も上がっている場所なので、将来的に土地の価格はさらに上がったり、ファミリー層を狙った新築を建てることで高い家賃が取れる可能性を見込んでいます。

2800万円のアパート

築27年
85坪
表面利回り9.6%

最後は某地方の中核都市にあるアパートです。土地は85坪で建物は築27年、間取りは2DK×4戸です。駐車場はもちろんあります。

購入金額は2800万円で、家賃収入は月に約22万円。利回りは今までの例ではもっとも低い9・6%です。

この物件は買付申込書を提出したあとに、売主が優柔不断な方で売るかどうかを悩み始めました。そこで直筆の手紙を書いて、仲介業者経由で売主に渡してもらいました。それが担当者の心に響いたのか、こちらの味方になって売主を説得してくれて、無事売買契約に進むことができました。

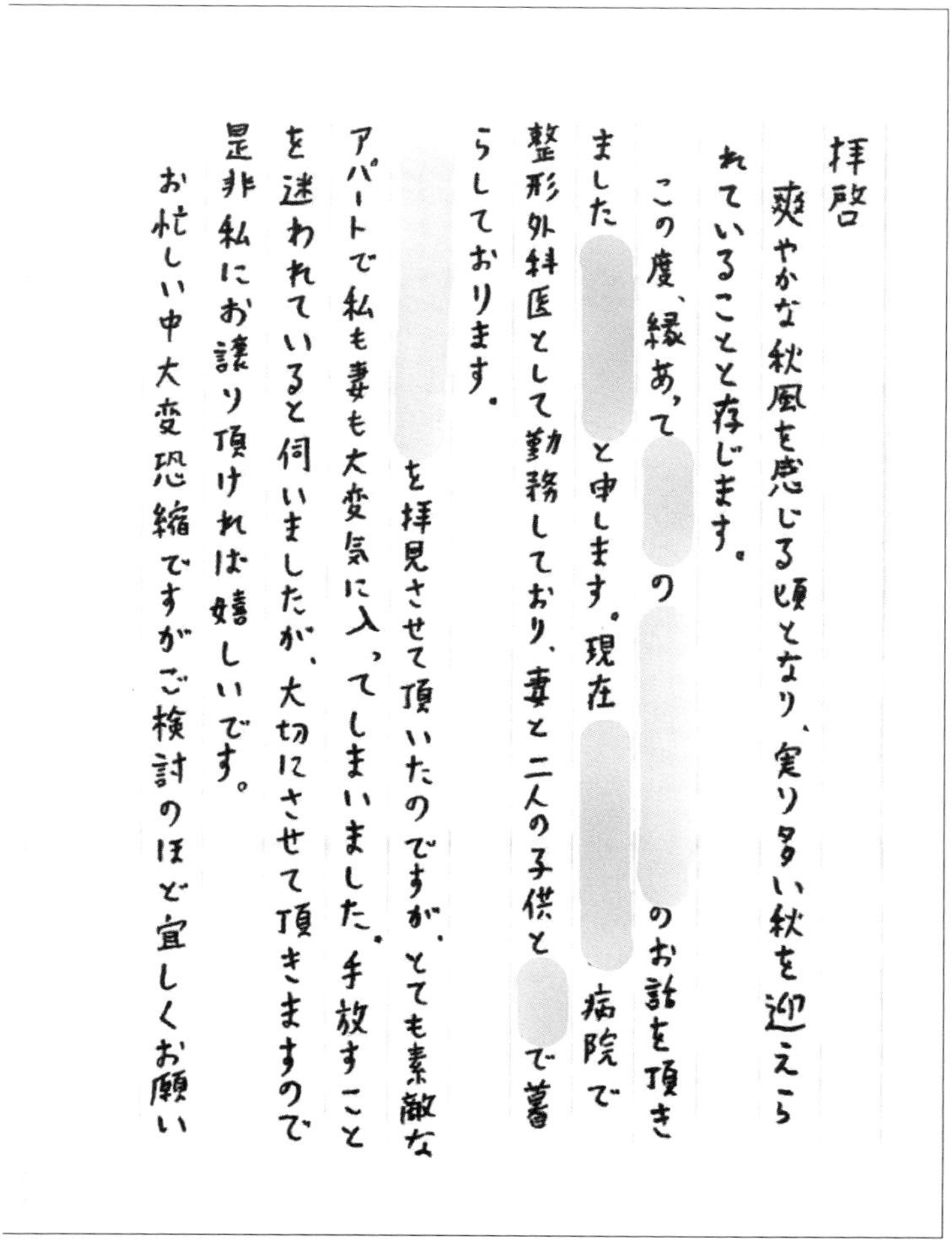
拝啓
爽やかな秋風を感じる頃となり、実り多い秋を迎えられていることと存じます。

この度、縁あってのお話を頂きましたと申します。現在病院で整形外科医として勤務しており、妻と二人の子供とで暮らしております。

を拝見させて頂いたのですが、とても素敵なアパートで私も妻も大変気に入ってしまいました。手放すことを迷われていると伺いましたが、大切にさせて頂きますので是非私にお譲り頂ければ嬉しいです。

お忙しい中大変恐縮ですがご検討のほど宜しくお願い

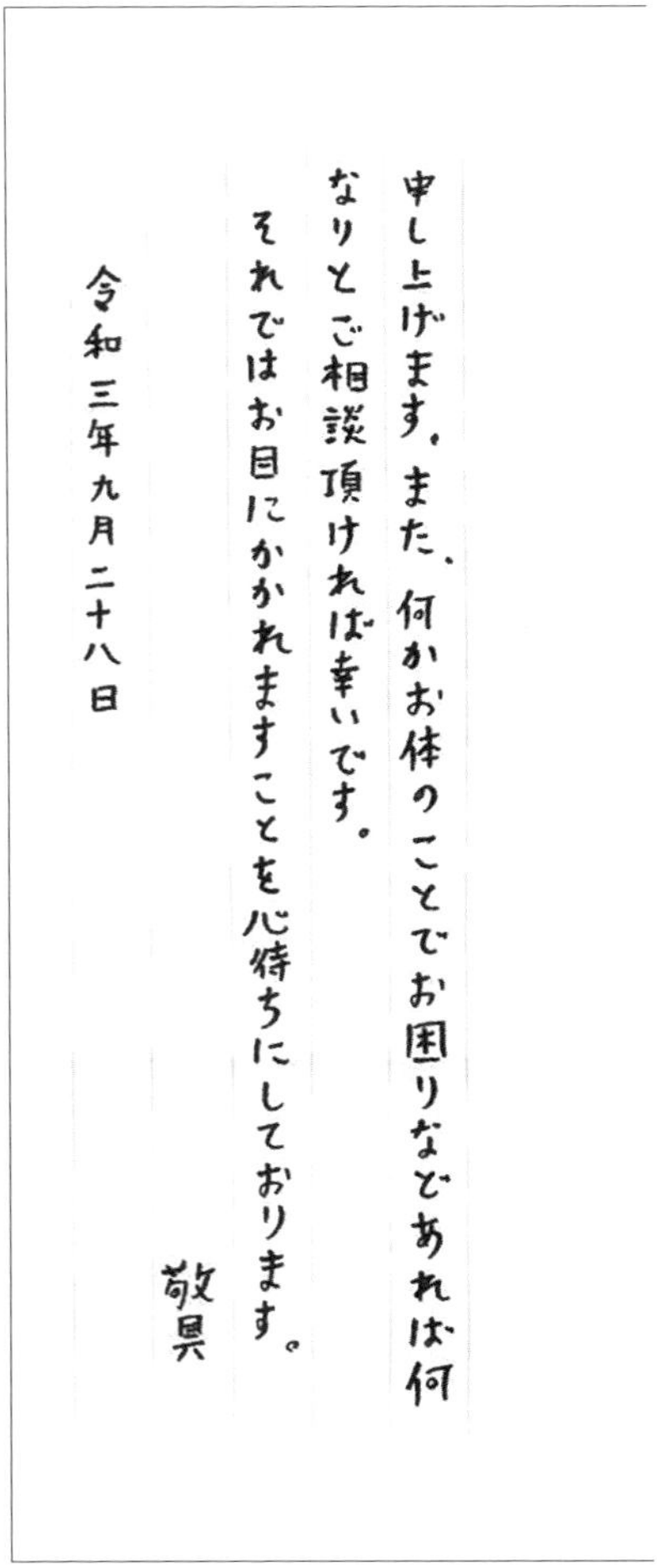
申し上げます。また、何かお体のことでお困りなどあれば何なりとご相談頂ければ幸いです。
それではお目にかかれますことを心待ちにしております。
敬具
令和三年九月二十八日

　ここも小学校と病院が近い、治安のいいエリアなので、築年数が40年を超えたら解体して新しくアパートや戸建てを建てることも視野に入れています。他の築20年台のアパートと同じくまだ数十年は使えるので、限界まで保有することも検討しています。

　坪単価は30万円のエリアなので、土地価格は2550万円ほどですが、この地区の地価は周辺も含めて上がり続けています。所有物件のなかでは利回りは低めですが、築年数が比較的新しいので修繕も特に心配することはなく、広い間取りなので空室リスクも低いです。5年後でも利回りは変わらず売れそうなので、1000万円以上の利益が見込めます。

このように土地の公示地価が上昇しているエリアで、利回りが高い物件を所有できれば、管理の手間も少なく将来的に大きな利益をつくることができるのです。

不動産はひとつとして同じものはない

本書でお伝えした条件で投資妙味のある物件はかなり絞ることはできますが、同じ築年数でも外壁の劣化具合、内装や設備の修繕履歴、建築会社によってデザインもかなり異なります。

また、似た立地でもすごく入り組んだ場所なのか広い道路から1本でアクセスできる場所なのか、周囲の雰囲気も違います。建物や周囲の印象も大事で、それによって売却価格も入居付けのしやすさも変わります。

本書では投資妙味のある物件をできるだけ具体的な条件に落とし込んでお示ししました。ただ、世の中に同じ物件はありません。個別判断となり、先生方の資金状況や目指す理想、年齢、リスク許容度、物件エリアなどによっても投資妙味は変わります。はじめの一歩は不動産投資家として成功している大家をメンターとして一緒に考えてもらうことが望ましいです。

もしＩＮＡＳＥに相談をしてみたいという方は、次の二次元コードからＬＩＮＥ登録のうえ「ＩＮＡＳＥに相談」をクリックしてください。あなたが住む地域のなかでどういう物件をどのように狙っていくのか、不動産投資家としての戦略をオーダーメイドで立てて、個々の最適解を一緒に考えさせて頂きます。リスクを限りなく抑え、成功確率を極限まで上げた万全の状態で不動産投資家としての道を共に歩みましょう。

おわりに

本書には不動産で騙される医師を一人でもなくしたいという思いでわたしのノウハウを包み隠さず詰め込みました。わたしが利益が得られる不動産を買い進められているのは、決して一人の力ではありません。ここまで不動産を通じて知り合った多くの方々の協力のおかげです。

岡山大家様には、何も知らなかったわたしのメンターとして不動産の極意を教えて頂きました。

EliteDoctors代表のひろひろ先生には、不動産の魅力やノウハウをお伝えする場を与えて頂き、不動産を通じてたくさんの先生を助けることができました。

コミュニティ内の不動産勉強会では半沢大家さん、波乗りニーノさん、火の玉ガールさん、あーこさんなど多くの実力者の不動産投資家にご講義頂き、大変参考になるさまざまな手法や考え方を共有して頂きました。

また、萩原様、内装業者の山野様、大竹屋不動産部佐藤雄一郎様、大家のじいじさん、安田さん、よーすけさん、他にも多くの大家の先輩方から学ばせて頂いており、皆様には感謝してもしきれません。

たくさんのご縁に恵まれてここまで不動産を続けてきて、わたしの人生は不動産で好転しました。この本を読んで頂いた先生方にも不動産を通じて、本当の理想を実現して欲しいと思っています。

不動産は1棟目のハードルが高く、知識がないと赤字の物件をつかんでしまうリスクもあります。どうしたら知識ゼロから収益性のある不動産を買っていけるのか、私自身もかなり考えました。忙しい医師が時間もお金も節約してすばらしい1棟目の不動産を購入するだけでなく、2棟目3棟目と買い進め、不動産投資家として成功して頂くことを目的に「医師の不動産最短攻略プログラム」を構築しました。最後にその紹介をさせてください。

わたしは不動産が趣味と言えるほどのめりこみ、5年間で莫大な時間を費やしてきました。しかし、忙しい先生方はそこまで時間を費やす必要はありません。医師の不動産投資家としてどういった知識をもち、何をすべきで、何をすべきではないのか、本書では伝えきれなかった「最短ルート」をお示しするものです。

5年間のノウハウをぎゅっと凝縮した内容で、不動産投資家としての知識と考え方を実践ベースで学べるプログラムです。

◆不動産投資家としての実践的な知識を学ぶ【14STEPの動画講座】
◆アウトプットで知識を着実にする【ワークシート】
◆INASEによるマンツーマンの【綿密なコンサルティングの実施】
◆スピード勝負に絶対負けないための【いつでも個別物件相談サービス】
◆他の実力派投資家やプロの考え方を学べる【有名大家・各業界のプロによる月1回の定例勉強会】
◆情報共有など皆で協力しお互い助け合える【医師限定不動産コミュニティ】

とにかく医師が不動産投資で成功するために、再現性にこだわった内容となっています。

良い不動産を1棟取得できたら数百万円は当然、数千万円以上の利益も見込めるのが不動産賃貸業です。２棟３棟と増やしていけば利益は積み上がっていきます。

不動産ノウハウは一生使えるスキルです。

配偶者やお子さんに不動産の知識を伝えることで、たとえ自分が倒れたとしても不動産が家賃を自動的に稼いでくれるので、お金に困ることもなくなります。

不動産はあくまで理想を実現させるための手段であり、先生方には不動産を通じて、本当の理想を実現して頂きたい。そのための最短ルートをお伝えするつもりでわたしは不動産を教えています。

一人でも多くの先生が幸せになるために、これからも不動産を伝え続けていきたいと思っています。

最後までお読み頂き、ありがとうございました。

２０２４年12月

ＩＮＡＳＥ

本書の情報は特に記載のない限り２０２４年11月時点のものです。

INASE

医師の不動産株式会社 代表取締役

整形外科専門医

横浜市立大学医学部医学科卒業後、地方病院で勤務医として働き始めるなかで医師としての働き方、キャリアに悩み、さまざまな投資法を試し、2018年に不動産投資と出会う。学び始めてからわずか5年間で9棟5戸、3億1800万円の資産を築き、毎年の家賃収入は3000万円を超える。自分と同じ境遇にいる医師が不動産投資を学び成功する姿にやりがいを感じ、医師の不動産株式会社を設立。日本最大級の会員数を誇る「医師専門の不動産コミュニティ」の運営責任者も務める。不動産インフルエンサーとしても人気を博し、大家として物件を拡大しながら、医師が不動産を通じて人生を豊かにするためのサポートに尽力している。

X：「INASE整形外科医×不動産賃貸業」@INASE44927607

YouTubeチャンネル「不動産投資メンターDr.いなせ」：
https://www.youtube.com/channel/UC833DZWxz6abEVj_EsTybSw

初心者からはじめる医師の不動産投資

2025年1月11日 第1刷発行

著 者	INASE
発行者	白山裕彬
発行所	新流舎株式会社 〒178-0063 東京都練馬区東大泉4-27-17
発売	サンクチュアリ出版 〒113-0023 東京都文京区向丘2-14-9 電話：03-5834-2507　FAX：03-5834-2508
装丁	荻原弦一郎(256)
本文フォーマット	大場君人
校正	株式会社ぷれす
印刷製本	株式会社光邦

ISBN978-4-8014-9055-0